Dr. Armin Holtus

Angst

Eine Hilfe zur Selbsthilfe

auf der Grundlage verschiedener analytisch und
verhaltenstherapeutisch orientierter
Verfahren sowie Entspannungstechniken

Dr. Armin Holtus

CIP – Titelaufnahme der Deutschen Bibliothek

Holtus, Armin

Angst – Eine Hilfe zur Selbst-Hilfe

Auf der Grundlage verschiedener analytisch und
verhaltenstherapeutisch orientierter
Verfahren sowie Entspannungstechniken

TWENTYSIX – Der Self-Publishing-Verlag
Eine Kooperation zwischen der Verlagsgruppe Random House und
BoD – Books on Demand

© 2016 Dr. Armin Holtus

Herstellung und Verlag:
BoD – Books on Demand, Norderstedt

ISBN: 978-3-7407-1529-8

Covergestaltung: Hartmut Breitmeyer
                    WEBTECH design & technik Ganderkesee

Vorwort 7

1. Kapitel

Definition und Auswirkungen der Angst 8

2. Kapitel

Gewöhnliche Reaktionen auf soziale Angst 11
1. Abschnitt Alkoholkonsum 11
2. Abschnitt Autistische Gesten 11
3. Abschnitt Medikamente 12
4. Abschnitt Kompensation 12
5. Abschnitt Verdrängung 12
6. Abschnitt Flucht 13
7. Abschnitt Kampf gegen die Angst 13
8. Abschnitt Akzeptieren der Angst und Entschluss zur Therapie 14

3. Kapitel

Ursachen sozialer Angst 15
1. Abschnitt Der genetische Erklärungsansatz 15
2. Abschnitt Die psychoanalytische Lehre 16
3. Abschnitt Der Einfluss unterdrückter Gefühle 24
4. Abschnitt Der Einfluss der Erziehung 25
5. Abschnitt Enttäuschende Erlebnisse 26
6. Abschnitt Der Faktor Stress 27

4. Kapitel

Übersicht über die Behandlungsmöglichkeiten der Angst 28
1. Abschnitt Vorwort 28
2. Abschnitt Verhaltenstherapie 28
3. Abschnitt Psychodrama 29
4. Abschnitt Gesprächstherapie 29
5. Abschnitt Gruppentherapie 30
6. Abschnitt Gestalttherapie 30

7. Abschnitt Psychoanalyse 31
8. Abschnitt Psychoanalytische Fokaltherapie 32
9. Abschnitt Katathymes Bilderleben 32
10. Abschnitt Rational-Emotionale Therapie 33
11. Abschnitt Hypnose 33

5. Kapitel
Wie Sie sich selbst therapieren können 35
1. Abschnitt Vorwort 35
2. Abschnitt Selbst-Analyse 37

1. Traum-Analyse 37
2. Themenzentriertes Assoziieren,
Wiedererleben und Analyse 42
3. Assoziatives Schreiben 47
4. Spiegel-Analyse 49
5. Entlastung des Gewissens durch Anerkennung der antagonistischen Triebstrebungen und Schaffung einer objektivierten Werteordnung 52
6. Der psychoanalytisch-theologische Weg der Angstbewältigung 54
3. Abschnitt Selbstbewusstseinstraining 56
4. Abschnitt Verhaltens-Selbst-Therapie 63
5. Abschnitt Gedanken Stopp 71
6. Abschnitt Paradoxe Intention 73
7. Abschnitt Selbst-Hypnose 76
8. Abschnitt Gefühle ausdrücken 81
9. Abschnitt Das Leben spielen 85
10. Abschnitt Die Kunst, das Jetzt zu leben 88
11. Abschnitt Autogenes Training - Grundstufe 92
12. Abschnitt Autogenes Training - Oberstufe 101
13. Abschnitt Meditation 104
14. Abschnitt Yoga 107
15. Abschnitt Progressive Relaxation 109
16. Abschnitt Frieden schließen 110

6. Kapitel Motivationshilfen 112

Literaturverzeichnis 123

Vorwort

Dieses Buch befasst sich mit den Ursachen sowie den verschiedenen Möglichkeiten des Umgangs mit Angst, die langfristig ein angstfreies Leben ermöglichen können.

Angst ist ein ganz natürlicher Affektzustand, der in gewissen Situationen in jedem von uns entsteht. Man braucht sich also nichts Besonderes auf seine Fähigkeit, Angst empfinden zu können, einzubilden. Wir unterscheiden uns allerdings durch die Reize, die in uns Angst auslösen, wie wir mit dieser Angst umgehen, insbesondere welche Bedeutung wir dem Erleben von Angst bzw. dem Sichtbar-Werden derselben für andere beimessen.

Angst wird durch bestimmte Personen oder Situationen ausgelöst und kann die Betroffenen daran hindern, unter Einsatz ihres tatsächlichen Potentials glücklich zu leben. Wenn dieser Zustand gegeben ist, ist eine Behandlung dieser Angst angezeigt. Das Problem dabei ist neben der Frage, welche Behandlungsmöglichkeit für die jeweilige Angst in Betracht kommt, die oft bittere Erkenntnis, dass dieser Weg nicht unerhebliche finanzielle Opfer erfordert - falls man sich beispielsweise für eine Therapie entschließt, deren Kosten nicht von der Krankenkasse übernommen werden.

Ich gehe davon aus, dass die meisten Menschen mit Hemmungen und sozialer Angst (nicht dagegen Menschen, die von Psychosen oder schwerwiegenden Angst-Neurosen betroffen sind) in der Lage sind, sich selbst zu behandeln, wenn sie nur gewillt sind, etwas zu verändern und bereit sind, einen Teil ihrer Zeit dafür zu opfern. Ihr Erfolg wird deshalb entscheidend davon abhängen, wie entschlossen, wie intensiv und ausdauernd Sie die im Einzelnen vorgeschlagenen Übungen durchführen.

Um aus dem Irrgarten der Angst herauszufinden, müssen Sie einige "Unbequemlichkeiten" auf sich nehmen. Des Weiteren machen Sie sich klar, dass der Weg aus der Angst heraus eine ziemlich große Wegstrecke durch die Landschaft der Angst führen wird. Aber machen Sie sich auch bewusst, dass es tatsächlich einen Ausgang gibt! Sie können es schaffen, solche Situationen, die für Sie stets mit Angst besetzt waren, eines Tages angstfrei erleben zu können. Nur geschieht dieses nicht von selbst. Sie müssen etwas dafür tun. Was Sie im Einzelnen dafür tun können, werde ich Ihnen auf den folgenden Seiten nahebringen.

Bremen, im Frühjahr 2010

                Dr. Armin Holtus

1. Kapitel

Definition und Auswirkungen der Angst
Angst ist ein psychosomatischer Gefühlszustand mit seelischer Erlebnisseite und einer körperlichen Offenbarungsseite. Angst ist an sich betrachtet nicht krankhaft, sondern übt eine für jeden Menschen wichtige Warnfunktion aus. Auslöser ist die Vorahnung einer tatsächlich bevorstehenden oder vermeintlichen Gefahr für das Leben, die Sicherheit, das Gleichgewicht. Angst kann aber auch in Situationen auftreten, in denen sich der Betroffene sorgt um seine Position, Möglichkeiten oder Fähigkeiten in einer Gruppe bzw. einer Zweierbeziehung. Angst ist Symptom des subjektiv das Individuum beherrschenden Konflikts, dessen Auslöser z.B. sowohl allzu intensive als auch zu geringe Zuwendung seitens des Partners oder der Gruppe sein kann.

Die mit der Angst verbundene innere Anspannung fördert Wachsamkeit, Konzentration und Arbeitsbereitschaft - alles Kriterien, die ihrer Bestimmung gemäß erforderlich sind, um angstbesetzte Situationen zu meistern. Jede Angst ist grob der Gewissens-, Vital- oder Realangst zuzuordnen.

Angst kann Einfluss auf die Funktionen des Vegetativen Nervensystems sowie jene der Organe nehmen, z.B. wie folgt:

- das Herz schlägt schneller

- innere Unruhe und Spannungen stellen sich ein

- Zittern, feinschlägiger Tremor

- Würgegefühl in der Halsgegend

- der Blutdruck steigt

- die Atemfrequenz erhöht sich

- die Schweißdrüsen Aktivität nimmt zu

- die Verdauung wird beeinträchtigt

- der Hormonspiegel wird verändert

- von den Nebennieren wird verstärkt Adrenalin freigegeben.

Diese körperlichen Symptome gehen auf die Tätigkeit des sympathischen Systems des vegetativen oder autonomen Nervensystems zurück. Salopp formuliert, fordert es den Körper auf, der Bedrohung zu beggenen. Dieser löst alsdann Alarm aus, sodass Herz, Lunge und Muskeln unter hohem Einsatz in der so genannten Flucht-/Kampfreaktion bzw. Verteidigungs-/Angstreaktion arbeiten. Diese Reaktionen sind lebenswichtig beim Kampf gegen Krankheiten oder von außen kommende Gefahren.

In diesem autonomen Nervensystem wirken im Normalfall das sympathische sowie das parasympathische System im Wechselspiel, d.h.: Hat der Sympathikus einige Zeit

Unruhe und Aufregung gestiftet, sorgt im Anschluss daran der Parasympathikus wieder dafür, dass
- die Herzfrequenz vermindert wird wieder innere Ruhe wahrzunehmen ist
- der Blutdruck wieder sinkt die Aktivität abflacht
- die Atmung wieder ruhiger wird
- die Schweißsekretion reduziert wird, die Gefäß Stellung sich wieder ändert,
weniger Adrenalin produziert wird, die Verdauung stimuliert wird usw..

Dort, wo der Mensch sich zu wenig Ruhe gönnt, wird das parasympathisch-sympathische Gleichgewicht erschüttert. Dieses kann sich negativ auf die körperliche und emotionale Gesundheit auswirken.

Wir neigen im Allgemeinen dazu, uns Angst nicht anmerken zu lassen bzw. sie zu unterdrücken. Jedoch gelingt es uns in der Regel nicht, die bio-chemischen Prozesse, die mit der Angst im Körper ablaufen, zu manipulieren. Der Körper lässt sich nicht in die Irre führen, wenn der Kopf etwas verdrängen will. Kontinuierliches Bestreben, die Angstsymptome unterdrücken zu wollen, kann die Ursache von vielen psychosomatischen Erkrankungen sein. Diese stellen gewissermaßen die Rebellion des Körpers dagegen dar, dass gewissen körperlichen Vorgängen vom Kopf her die Existenz versagt wird; sie sind das Ergebnis des Kampfes zwischen Vernunft und Gefühl bzw. unwillkürlich ablaufenden körperlichen Prozessen.

Die natürliche Warnfunktion der Angst gewinnt dort eine neue Dimension, wo sie das körperliche und seelische Wohlbefinden langfristig beeinträchtigt, wo der Mensch mit einer Angst reagiert, die in keinem vernünftigen Verhältnis zur tatsächlichen Lebenssituation steht, weil z.B. eine Bedrohung objektiv nicht vorliegt. Diese irrealen Ängste führen oft zu einem zwanghaften und unangemessenen Vermeiden von bestimmten Personen, Situationen oder Sachen. In solchen Fällen sprechen wir von einer Phobie bzw. von einer Angst-Neurose, wobei die Phobie ungleich der Angst-Neurose situations- und objektbezogen ist. Zu unterscheiden ist zwischen so genannten isolierten und multiplen Phobien:

Isolierte Phobien
Isolierte Phobien treten im Zusammenhang mit ganz bestimmten Objekten auf, z.B. Ratten, Spinnen, hohen Häusern, selbst ohne dass der

betreffende Mensch je unangenehme Erfahrungen mit diesen Dingen gemacht hat.

Multiple Phobien
Mögliches Leitsymptom der multiplen Phobien ist die
- Angst vor engen und überfüllten Räumen, so genannte Klaustrophobie,
- Angst vor offenen Plätzen und Straßen, sogenannte Agoraphobie,
- Angst vor Höhen, so genannte Akrophobie,
- Angst vor der Angst, so genannte Phobophobie.

Die Phobophobie z.B. kann dazu führen, dass der betreffende Mensch eine Tendenz dahin entwickelt, in Kenntnis der mit Angst besetzten Situationen diese von vornherein zu meiden. Da er aber jedes Mal neu die Erfahrung macht, daß er gewissen Situationen aus dem Wege geht, verstärkt sich die Angst und nimmt eine zunehmend dominierende Rolle im Leben und Erleben des Betroffenen ein. Nach und nach traut er sich in immer weniger Situationen hinein und seine Sicherheitsvorkehrungen nehmen zu.

2. Kapitel

Gewöhnliche Reaktionen auf soziale Angst
1. Abschnitt: Alkoholkonsum
Da die Erfahrung gemacht wird, dass soziale Angst im Umgang mit anderen Menschen lähmt und verhindert, dass intensiver Kontakt zu ihnen gelebt werden kann, geht das Interesse zuweilen dahin, ein "Mittelchen" zu finden, was möglichst schnell das Auftreten sozialer Angst unterdrückt.
Eines dieser "Mittelchen, die kurzfristig die Angst unter Menschen zu lindern in der Lage sind, ist der Alkohol. Da dem Betreffenden möglicherweise mit der Zeit bewusst wird, dass bei ihm ohne Alkohol "nichts läuft", gewinnt er immer mehr die Überzeugung, dass er jede Situation fürchten muss, die er ohne vorherigen Alkoholkonsum zu bestehen hat. Dieses Bewusstsein bewirkt eine Schwächung seines Selbstbewusstseins, eine Verstärkung seiner Angst und gewöhnlich auch eine Zunahme des Alkoholkonsums.

2. Abschnitt: Autistische Gesten
Eine andere Möglichkeit, auf Angst zu reagieren, ist die bewusste oder unbewusste Verwendung der Angst-Energie für eine Tätigkeit, die an sich nicht geeignet ist, der Angst zu begegnen. Ihrer Funktion nach

wird diese Energie im Körper zur Bewältigung der Bedrohung produziert und bereitgehalten.

Wenn dieses Prinzip bewusst ist, kann in der Weise auf diese Angstenergie reagiert werden, dass irgendetwas Aktives getan wird, was Energie erfordert. Viele handeln auch ganz unbewusst nach diesem Schema. Sie mögen vielleicht die Stirn runzeln, einfach lächeln, ganz laut lachen oder plötzlich aufstehen, um sich dann wieder zu setzen oder einfach das Wort ergreifen, um so über die Stimme, möglicherweise auch über Mimik und Gestik diese Energie loszuwerden - je nachdem, wie groß und welcher Art die Energie ist, die produziert wird und nach einem Aus-Leben strebt. Tiere z.b. zeigen in genannten Situationen ähnliche Verhaltensweisen, für die C.Lorenz den Begriff "Übersprunghandlungen" geprägt hat.

Auch derjenige, der in dieser Weise reagiert, verleugnet an sich die Tatsache, dass er in einer konkreten Situation tatsächlich Angst gehabt hat. Es mag zunächst eine Hilfe sein, aber dieser Trick führt regelmäßig dazu, dass sich die Angst noch verstärkt. Dazu wird später noch Näheres ausgeführt.

3. Abschnitt: Medikamente

Medikamente wie Tranquilizer, Antidepressiva oder Neuroleptika können wegen ihrer angstlösenden Wirkung auf der medikamentösen Ebene bei Angst zum Einsatz kommen. Der Einsatz solcher Medikamente bewirkt jedoch immer nur eine Linderung des "Jetzt", eine Abschwächung der Symptome. An der Wurzel der Angst vermögen diese Präparate nichts zu ändern, denn es besteht Einigkeit darüber, dass es eine medikamentöse Psychotherapie nicht geben kann.

4. Abschnitt: Kompensation

Angst erleben wir zuweilen als Makel der eigenen Persönlichkeit. Alfred Adler, ein Schüler Freuds, betonte als erster, dass die Menschen im Allgemeinen dazu neigen, ihre Angst, wenn sie auf Minderwertigkeitsgefühle zurückgeht, zu kompensieren (auszugleichen). Diese Kompensation kann dazu führen, dass die Betreffenden auf gewissen Gebieten wahre Höchstleistungen erbringen können. Wie viele bekannte und unbekannte Politiker, Literaten, Musiker, Physiker, Erfinder, Sportler, sowohl der Geschichte als auch der Gegenwart mögen davon betroffen (gewesen) sein?

Die Schwäche kann auch dadurch kompensiert werden, dass der Betreffende versucht, gerade auf dem Gebiet, auf dem er sich als schwach erlebt, besondere Leistungen zu erbringen. So kann z.B. derjenige, der sich ursprünglich fürchtete, vor Menschen aufzutreten, sich durch

Übung, Ausdauer und positive Erfahrungen in die Lage versetzen, vor vielen Menschen zu singen, zu reden oder ähnliches mehr.

5. Abschnitt: Verdrängung
Derjenige, der mit so genannter "Verdrängung" auf seine Angst reagiert, gesteht sich dieselbe im Grunde nicht ein; sie passt nicht in das Bild, das er von sich gemalt hat. Er will die Ängste "in seinem Haus" nicht haben und drängt sie gewissermaßen aus diesem heraus - hinein in das Dunkel seines Unbewussten. Gerade im Unbewussten finden die verdrängten Konflikte optimale Bedingungen vor, um von dort aus den Menschen unerkannt auf vielfältige Weise zu attackieren. Durch die Wanderung von der Greifbarkeit des Bewusstseins zum unfassbaren Unbewussten bleibt die Existenz des Konfliktes ebenfalls unberührt.

6. Abschnitt: Flucht
Auf diesem Weg ist der Betreffende stets darauf bedacht, im Bewusstsein seiner Angst Angstsituationen zu meiden. Gerät er in eine solche, geht sein Interesse dahin, sich möglichst nichts anmerken zu lassen und eine günstige Gelegenheit zu finden, sich der Situation zu entwinden. Ihm ist der Konflikt anders als dem Verdrängenden bewusst; er trägt seine Angst quasi wie einen schweren Koffer ständig mit sich herum und kann diesen Koffer nur dort abstellen und Linderung erfahren, wo er den Angstreizen nicht ausgesetzt ist.

7. Abschnitt: Kampf gegen die Angst
Eine weitere, mögliche Reaktionsweise ist, den Kampf gegen die Angst aufzunehmen. Das sieht in der Praxis so aus, dass ich dann, wenn ich Angst in mir aufsteigen spüre, versuche (regelmäßig handelt es sich dabei um einen untauglichen Versuch), durch Einschaltung des bewussten Willens alle möglichen Energiereserven meines Körpers zu mobilisieren, um den Angriff abzuwehren.
Angst ist eine Energie, die von einem Reaktionsapparat aktiviert wird, der sich unterbewusst-unwillkürlich einschaltet - oft motiviert durch ganz bestimmte Worte oder Situationen. Bezeichnend für diesen Reaktionsapparat ist eine sehr menschliche Eigenschaft: Nämlich das Bestreben, das Gegenteil von dem zu tun, was von einem verlangt wird.
Wollen wir eine bestimmte Wirkung dieses Reaktionsapparates unterdrücken - z.B. das Erröten, Stottern etc. - und bekämpfen wir diese Reaktion, so stören wir durch die Einschaltung unseres bewussten Willens den unterbewusst-unwillkürlichen Verlauf der betreffenden Reaktion. Dieses Vorgehen bewirkt dann häufig, dass die Reaktion noch viel intensiver erfolgt, als sie ohne Einschaltung des Willens eingetreten wäre. Des Weiteren bewirken wir durch dieses Nicht-Wollen, dass

die betreffende Wirkung mehr und mehr zu einem Phantom wird, das unser Denken und Fühlen zunehmend beeinflusst.
Verlangen wir dagegen von unserem Reaktionsapparat, dass er eine bestimmte Wirkung möglichst intensiv hervorbringt, so verlegt er sich wiederum widerspenstig genau aufs Gegenteil und erzeugt allenfalls eine ganz schwache Wirkung. Wir sollten uns deshalb folgendes klar machen:
Zugleich mit dem Entstehen der Angst wird im Gehirn eine gewisse Art von Energie frei, die nach körperlichem Ausdruck strebt. Ein Nicht-Ausdrücken dieses Gefühls lässt die Existenz dieser Energie unberührt. Wiederholt sich nun dieser Prozess, so nimmt die nicht ausgedrückte Energie über das autonome Nervensystem "Regress" bei der Gesundheit; sie kann dann verantwortlich sein für psychosomatische Krankheiten wie: Herz- und Kreislaufbeschwerden, Leber- und Gallenleiden, Magengeschwüre etc..

8. Abschnitt: Akzeptieren der Angst und Entschluss zur Therapie
Schließlich können wir auch unsere Angst als zur Zeit in gewissen Situationen existent betrachten und uns dazu entschließen, adäquate Gegenmaßnahmen zu ergreifen. Diesen Weg zu sehen und ihn gehen zu wollen, ist oft gar nicht so einfach. Er setzt nämlich voraus, dass wir einerseits unsere Angst erkennen und andererseits Zeit und Mühen investieren wollen, um wieder eine natürliche Beziehung zu unserem Erleben, insbesondere unseren Ängsten zu gewinnen. Dieser Weg kann seinen Verlauf in der Weise nehmen, dass wir uns z.B. einen Therapeuten suchen. Wir können aber auch zu Hause bleiben und unsere Angst selbst "therapieren". Beide Möglichkeiten werden an späterer Stelle beschrieben, wobei ich das Schwergewicht auf die zweite Alternative gelegt habe.

3. Kapitel

Ursachen sozialer Angst
Viele Theorien beschäftigen sich mit der Frage nach den Ursachen sozialer Angst. Keine der Theorien wird jedoch für sich in Anspruch nehmen können, dass in allen Fällen die Angst auf eine ganz bestimmte Ursache allein zurückzuführen ist. Es ist nachgewiesen, dass vielfach mehrere Ursachen zusammenwirken, so z.B. individuelle physiologische Strukturen und Schlüsselerfahrungen. Im Folgenden soll ein kurzer Überblick über die im Wesentlichen vertretenen Theorien gegeben werden.

1. Abschnitt: Der genetische Erklärungsansatz

Theorie der vier Temperamente
Nach der von dem Griechen Hippokrates entwickelten Theorie der vier Tempe-ramente ist die Empfänglichkeit eines Menschen für die Angst auf genetische Fak-toren zurückzuführen. Der Typus eines Menschen steht danach von Geburt an fest. Im Einzelnen unterschied Hippokrates zwischen dem Phlegmatiker und dem Melancholiker, dem Choleriker und dem Sanguiniker.
Während er den Phlegmatiker durch die Eigenschaften Passivität, Nachdenklichkeit und Ausgeglichenheit charakterisierte, bezeichnete er den Melancholiker als ängstlich, pessimistisch und ungesellig. Der Choleriker falle durch Aggressivität, Optimismus und Unruhe auf, während der Sanguiniker gesellig, sorglos, lebhaft und verständnisvoll sei.
Nach dieser Theorie neigen Melancholiker, also emotionale und introvertierte Menschen, stärker als Vertreter der anderen Typen zu Ängsten.
Beweise für die Vererblichkeit gewisser Eigenschaften hat die Zwillingsforschung geliefert. Experimente haben dabei gezeigt, dass getrennt aufgewachsene - also unterschiedlichen Umwelteinflüssen ausgesetzte Zwillinge - eine große Überein-stimmung nicht nur auf dem Gebiet der Hauptvariablen der Persönlichkeit - wie etwa Extroversion/Introversion und Neurotizismus/ Stabilität aufwiesen, sondern auch auf anderen Gebieten. Die Übereinstimmung bei eineiigen Zwillingen war dabei in höherem Graden festzustellen als die bei zweieiigen.
Nach diesen Untersuchungen ist es zwar nicht möglich, ein bestimmtes Verhalten zu erwerben, doch mit Ausnahme wohl einiger instinktiver Handlungen - z.B. der automatisch einsetzenden Saugbewegungen eines Säuglings beim Kontakt mit der Mutterbrust - gewisse physische Strukturen. Es wurde deshalb angenommen, dass unser Nervensystem bestimmte physische Elemente enthält, die ein labiles oder stabiles, introvertiertes oder extrovertiertes Verhalten bedingen.
Das limbische System (= Randsystem, funktionelles System des zentralen Nervensystems) im Gehirn bestimmt u.a. die Funktionen des autonomen Nerven-systems, welches auch für den Ausdruck von Emotionen zuständig ist. Beide Systeme bilden die physische Grundlage für die Neigung zur Labilität bzw. Stabilität.
Das Erregungsniveau des Cortex (überwiegend aus Nervenzellen bestehende Hirnrinde) steht in Verbindung mit Extro- und Introvertiertheit. Dieses Erregungsniveau wird durch das so genannte ansteigende

retikuläre (netzförmige) Aktivierungssystem gesteuert, welches in der Nachbarschaft zum limbischen System gelegen ist. Über die Sinnesorgane eingehende Informationen werden an das Gehirn, das retikuläre System sowie an den Cortex gesendet. Diese Informationen bedingen den Erregungszustand und damit die Reaktionsbereitschaft des Gehirns. Es wird angenommen, dass das Erregungsniveau bei Introvertierten höher ist als das bei Extrovertierten. Alkohol zum Beispiel lähmt das Erregungsniveau und macht den Menschen damit extrovertierter. Nikotin und Koffein aktivieren dagegen das Erregungsniveau und introvertieren den Konsumenten.

2. Abschnitt: Die psychoanalytische Lehre

Sigmund Freud ging davon aus, dass die Angstneurose auf einen bestimmten Krankheitsprozess hinweise, wie auch z.B. der Hautausschlag keine Krankheit als solche, sondern stets auf eine bestimmte Krankheit zurückzuführen sei.

So war auch ebenso wenig, wie der Arzt den Hautausschlag isoliert behandelt, nach Freuds Theorie die Angst als bloßes Anzeichen einer Krankheit zu behandeln, sondern die Krankheit selbst als Quelle aller Krankheitssymptome.

Freud war davon überzeugt, dass die Behandlung der Krankheitssymptome zwar eine kurzfristige Besserung bewirken könne; jedoch kehrten entweder die Symptome nach einiger Zeit zurück oder es trete eine so genannte Symptomverschiebung ein, bei der die nicht behandelte Krankheit dann in anderer Weise Einfluss nehme auf psychologisch-physiologische Vorgänge im Körper.

Freud und seine Anhänger waren / sind folglich stets auf der Suche nach der den Symptomen zugrundeliegenden Krankheit, die für sie in unbewussten Komplexen besteht, z.B. dem Ödipus-Komplex. So wird der Wunsch des Knaben nach Sexualität mit seiner Mutter bezeichnet, der oft gekoppelt ist mit der Vorstellung, den väterlichen Rivalen auszuschalten. Der dem Ödipus-Komplex entsprechende Komplex bei jungen Mädchen ist nach den Freudianern der Elektra-Komplex.

Die von Freud begründete Lehre der Psychoanalyse geht davon aus, dass die Seelentätigkeit vornehmlich unbewusst erfolgt und nur mittelbar zugänglich ist. Nach der psychoanalytischen Instanzen-Trias ist zwischen den seelischen Instanzen Ich, Es und Über-Ich zu unterscheiden. Die Angst-Neurose beispielsweise beruht nach dieser Theorie auf einem Konflikt zwischen den einzelnen Instanzen, wobei dieser multifaktoriell auf ein Zusammenwirken von Anlagefaktoren, frühkindlich erworbener Disposition und aktuellen Milieu-Einflüssen zurückzuführen ist.

Die Instanzen-Trias
Das Es ist der Trieb pol der Persönlichkeit. Die Manifestation der Es-Energie erfolgt in libidinöser (libido= Lust) und / oder aggressiver Form. Das Es ist auf unmittelbare Triebbefriedigung angelegt und steht damit nicht selten in einem strukturell bedingten Gegensatz zu den beiden anderen Instanzen.
Das Über-Ich hat die Funktion des moralischen Zensors, der vor der Tat zu normgemässem Verhalten mahnt und bei normverletzendem Verhalten das Ich verurteilt. Das Über-Ich entsteht erst schrittweise durch Verinnerlichung des Werte-systems der Erzieher. Demzufolge steht am Anfang die Furcht des Kindes vor der Strafe der Erzieher wegen abweichenden Verhaltens. Diese Furcht hält es zu normgemässem Verhalten an, wenn dieses durch affektive Zuwendung - z.B. seitens der Eltern - belohnt wird. Nach Verinnerlichung des Wertesystems der Erzieher übernimmt das Über-Ich deren Funktion; nun bestraft diese Instanz normwidriges Verhalten mit Schuldgefühlen. Die Angst vor Schuldgefühlen mahnt den Betreffenden demgemäß zur Normtreue.
Das Ich vermittelt zwischen den beiden vorgenannten Instanzen. Das gesunde Ich arbeitet nach dem Realitätsprinzip und ist für die Selbsterhaltung zuständig.
Gelegentlich ist der Gegensatz der Interessen des Es und des Über-Ichs so groß, dass es dem Ich nur mit Hilfe von Abwehrmechanismen gelingen kann, die Konfliktspannung zu lösen. So könnte man das Ich als Träger der Abwehr letztlich für die Entstehung u.a. auch von Angst-Neurosen mitverantwortlich machen; denn die neurotischen Symptome (z.B. für andere in gewissen Situationen nicht nach-vollziehbares Erröten, Schwitzen etc.) und Wesensmerkmale sind das Ergebnis des Kompromisses zwischen Triebimpuls und Abwehr. Dem Individuum unerträgliche Ohnmachtserfahrungen sind zu einem nicht unerheblichen Teil ursächlich für Spannungen; denn ihr Erleben verursacht seelischen Schmerz, der im Falle der Überschreitung individueller Kapazität eine intra-psychische Abwehr erfordert. Das Kleinkind ist auf die Aktivität dieses Abwehrmechanismus' angewiesen, da er ihm ermöglicht, aus dem Zurückweisen triebhafter Wünsche seitens der Erzieher resultierende Unlusterfahrungen zu bestehen. Diese Abwehr kann den Weg der Verdrängung gehen, die sich u.a Allmachtsfantasien bedient, um die Konfliktspannung zu bewältigen.
Die Aktivität des Abwehrmechanismus' geht zurück auf die etwa in den ersten sieben Lebensjahren angesiedelten drei Entwicklungsphasen, die später näher dargestellt werden. Dort wurden Konflikte auf äußeren Druck hin (Erziehung) verdrängt.
Die wichtigsten Abwehrformen sind folgende:

Projektion:
Hier werden vom Über-Ich verpönte Wünsche, z.b. nach häufig wechselnden Sexualpartnern, auf einen anderen Menschen projiziert und an diesem kritisiert;

Verdrängung:
Verpönte Wünsche werden durch die Aktivität dieses Mechanismus ins Unbewusste als für die Gesamtpersönlichkeit "nicht tragbar" abgeschoben. Die entsprechenden Wünsche sind damit jedoch nicht ihres Einflusses beraubt; das zeigen Trauminhalte, in denen der verdrängte Wunsch in mehr oder minder verschlüsselter Form transparent wird und sich ggf. Befriedigung verschafft. Aber auch sog. Fehlleistungen zeugen von der nur verdrängten und nicht ausgeschalteten Existenz verpönter Wünsche. Von letzteren ist die Rede, wenn den verdrängten Wünschen ein plötzlicher Durchbruch durch die Kontrollinstanzen gelingt. Dies geschieht oft in solchen Situationen, in denen die Aufmerksamkeit des Ichs von anderen Dingen in Anspruch genommen wird. Die Fehlleistungen - z.b. die fahrlässige Körperverletzung oder das fahrlässige Fallenlassen eines Gegenstandes - sind weder ich-noch Über-Ich-gerecht.

Verkehrung:
Hier werden nicht gebilligte Strebungen - z.b. aggressive - in ihr entsprechendes Gegenteil - z.B. Überfürsorglichkeit - verkehrt.

Regression:
Diese Abwehrform führt zu einem Zurückgehen zu einer früheren Entwicklungs-phase, zur Umwandlung der Libido (des Triebes) in eine solche, die für die frühkindlichen Entwicklungsstufen (orale, anale oder ödipale Phase) typisch gewesen ist. Durch die Regression artikuliert sich die Hoffnung, archaische, mit Frustrationen besetzte Erlebnisse aus früher Kindheit auf der entsprechenden Entwicklungsstufe durch positive Erfahrungen zu kompensieren. Symptom einer Regression kann z.B. eine übermäßige Nahrungsaufnahme sein, wo eine Regression zur oralen Phase hin erfolgt, in der die größte Lust des Kindes durch den Mund empfunden wird.

Rationalisierung:
Das Ich kann ferner auf die Rationalisierung zurückgreifen. Dieser Abwehrmechanismus hilft, ein bestimmtes, beabsichtigtes oder bereits realisiertes, an sich verpöntes Vorhaben mit Hilfe vorgeschobener Motive zu rechtfertigen, mit dem zumeist unbewussten Ziel, unbewusste Triebziele zu verschleiern.

Verschiebung:
Durch den Mechanismus der Verschiebung wird das Triebobjekt gegen ein anderes ausgetauscht. An diesem Ersatzobjekt können angstfrei blockierte Triebe ausgelebt werden, z.b. durch Tritte gegen einen Gegenstand aus Wut über eine Person. Der Verschiebungsmechanismus ist ebenfalls beim Träumen und bei der Phobie (z.b. der Klaustrophobie = Angst vor engen Räumen) aktiv.

Sublimierung:
Durch die Sublimierung wird die verpönte Triebenergie in die Bahnen der von der Gesellschaft als edler angesehenen Tätigkeiten - z.B. künstlerischer Art - gesteuert.

Identifikation:
Was für die Persönlichkeitsentwicklung des Kindes entscheidend ist, ist zugleich auch ein neurotischer Abwehrmechanismus: Attribute eines anderen werden als zum Selbst gehörig übernommen.

Wendung gegen die eigene Person
Durch diesen Mechanismus wird ein verpönter Triebimpuls - z.B. aggressiver Art - gegen das eigene Selbst gerichtet. Insbesondere bei der Depression ist dieser Mechanismus aktiv.
Die intrapsychische Abwehr ist an sich nicht krankhaft. Sie verkörpert eine wichtige Schutzmaßnahme des Ichs gegenüber das Wohlbefinden bedrohenden Reizüberflutungen und damit nicht zuletzt auch gegenüber Ängsten. Das Abwehr-verhalten ist jedoch grundsätzlich nur ein Frühstadium; dieser Umstand beinhaltet die Möglichkeit einer späteren Weiterentwicklung zu reiferen Stadien hin.
Gelegentlich kommt es jedoch zu schwerwiegenden Beeinträchtigungen hinsichtlich der Herausbildung eines reifen Verhaltens gegenüber Ohnmachtserlebnissen. Bleibt zudem die mögliche Auseinandersetzung mit dem aktuellen Konflikt aus, so ist eine Regression hin zu früheren Entwicklungsstadien sehr wahrscheinlich. Erst, wenn diese Qualität de facto erreicht ist, hat die intra-psychische Abwehr die Dimension eines Krankheitswertes.

Entstehen von Angst
Äußere oder innere Reize nehmen zuweilen eine Qualität an, die das noch kleine Individuum nicht adäquat zu handhaben vermag. Die Folge ist das Entstehen von Angst, die zumeist - hinsichtlich innerer Reize - aus der phantasierten Ahnung der Versagung von Befriedigungswünschen resultiert. Die Angst hat hier die Funktion, die erwartete Versagungssituation zu konfrontieren oder sie zu vermeiden.
Für jede der drei Entwicklungsphasen gibt es Angstsituationen, die für sie typisch sind; beispielhaft sind folgende zu nennen:
- Verlust des Objekts, das die Befriedigung sichert;
- Verlust der Liebe durch das befriedigende Objekt;
- Verlust des Geschlechtsorgans
- und, nach Verinnerlichung der Erziehernormen: Verurteilung durch das Über-Ich.

Nun ist es aber nicht so, dass mit dem Herauswachsen aus der im Folgenden näher beschriebenen letzten der drei Entwicklungsphasen - der Ödipal Phase - die Vorwegnahme von Angst- oder Versagungssituationen eingestellt wird. Wegen der Unlusterfahrungen in frühester Kindheit besteht dieser Reaktionsmechanismus in der - den einschlägigen Erfahrungen entsprechenden Ausprägung fort.

Psychosexuelle Entwicklungsphasen:
Die psychosexuelle Entwicklung geht nach Freud den Weg über die orale, anale und die ödipale Phase. Die einzelnen Phasen sind nach den in den betreffenden Phasen aktiven "erogenen Körperzonen" benannt, also dem Mund, dem After und schließlich den Genitalien.

Orale Phase (1. bis 3. Lebensjahr):
Für das Kind ist in diesem Stadium der Mund das zentrale Organ, da über ihn Lustgewinne erzielt werden. Wichtig ist in dieser Zeit daneben die Zuwendung durch die Mutter, die dadurch für die Entwicklung von Ur-Vertrauen und Selbstgefühl ursächlich wird. Defizite in dieser Phase können z.B. verantwortlich sein für schwerwiegende Identitäts- und Charakterstörungen.

Anale Phase (2. bis 4. Lebensjahr):
In dieser Phase erfolgt das Lustempfinden über die Ausscheidungsorgane und Ausscheidungsprozesse. Reinlichkeit und Ordnung, Geben und Nehmen, Haben und Nicht-Haben, Es-Kontrolle sowie Selbstbeherrschung und Selbstbestimmung sind die Entwicklungsschritte dieses Stadiums. Hier wird die allmähliche Trennung von der Mutter im

Abhängigkeits-, Autonomie-, Trennungs-, Aggression-, sexuelle Trieb- sowie Selbstwertkonflikte. Werden vorstehende Konflikte innerhalb der drei Phasen verdrängt und existieren sie somit im Unbewussten weiter, entsteht eine sog. neurotische Disposition. Diese kann bei Reaktivierung der verdrängten Konflikte im späteren Lebensalter zum Durchbruch der Neurose führen.

Welches Symptom an die Neurose geknüpft wird, ist davon abhängig, welche Komponente des verdrängten Konfliktgeschehens beim Prozess der Restimulation ins Bewusstsein aufsteigt. Als solche Komponenten kommen u.a. in Betracht:
- die Vorstellung, die sich im entsprechenden Symptom als Zwangsvorstellung manifestiert;
- die an das Geschehnis geknüpfte Handlung (vorwiegend bei Zwangshandlungen);
- die vegetativen Reaktionen des verdrängten Konfliktgeschehens (z.B. Zittern, Schwitzen, Erröten etc.);
- der mit dem Geschehnis verbundene Affekt (z.B. Angst), der zu dem Abdrängen ins Unbewusste geführt hat.

Hinblick auf den Erwerb einer inneren Autonomie (Individuation, Selbst-Werdung) vollzogen.

Eine unangemessen strenge Erziehung zur Sauberkeit und anderen Werten hin erzeugt Aggressivität und Frustration und kann den Grundstein u.a. auch zu einer Angst setzen. Bettnässen, Stottern, phobische Verhaltensweisen, zwanghafte Charakterzüge und passives Grundverhalten (wenn die Trotzphase mit Gewalt gebrochen wurde) sind mögliche Störungen bei einer Fehlentwicklung.

Ödipale Phase (4. bis 7. Lebensjahr):
In dieser Phase entdeckt das Kind seine Genitalien. Es fühlt sich in diesem Stadium aus der Vater-Mutter-Beziehung ausgeschlossen. Diese Beziehung wird "irgendwie"-sexuell fantasiert. Die Liebe zum gleichgeschlechtlichen Elternteil und die Angst vor dessen Sanktion (Kastrationsangst) hemmt den Hass auf den gleich-geschlechtlichen und die Liebe zum gegengeschlechtlichen Elternteil. Angst- und Schuldgefühle sowie das Erkennen der Unerfüllbarkeit des Ödipal Wunsches führen schließlich zur Aufgabe desselben. Im Regelfall findet eine Identifikation des Kindes mit dem gleichgeschlechtlichen Elternteil statt - verbunden mit der Zukunftsperspektive, als Erwachsener einen Partner zu haben - wie der gleichgeschlechtliche Elternteil -, der so ist wie der gegengeschlechtliche Elternteil.

Pauschaliert betrachtet existiert nun das Über-Ich von den Eltern losgelöst; es hat sich als moralischer Zensor vollständig in der Persönlichkeit etabliert. Wird der Ödipus-Konflikt jedoch nicht bewältigt, sondern verdrängt, so besteht die Gefahr einer späteren Restimulation und u.a. auch der Entstehung einer Angst-Neurose.

Entstehung einer Neurose:
Neurose ist Synonym für eine Konfliktreaktion und kommt in verschiedenen Ausgestaltungen vor - unter anderem auch in der Form der Angst-Neurose, die zur Gruppe der Symptom-Neurosen zählt, bei der der Betroffene auf eine unbewusste Restimulation eines bestimmten frühkindlichen Konfliktes hin mit einer nicht situationsadäquaten, jedoch konfliktgeschichtlich erklärbaren Angst reagiert. Bei der Angst-Neurose und den Phobien, wo sich die Angst anders als bei der Angstneurose auf bestimmte Situationen und Objekte bezieht, wird das Krankheitsbild überwiegend durch die Angst und ihre Symptome (Schwitzen, Herzklopfen, Stottern, Erröten etc.) geprägt. Phobien und Angst-Neurosen gehen zurück auf ungelöste Konflikte in den oben genannten drei Phasen.
Die Neurose ist also das Produkt eines Konfliktes aus der dreiphasigen frühen Entwicklung. In Anlehnung an die individuell frühkindlichen Erfahrungen offenbaren sie sich vornehmlich als Nähe-Distanz-,
Neben dem Leiden, das die neurotischen Symptome verursachen, bringen sie aber auch einen Gewinn; denn sie lindern die Angst und führen zu einer (unbewussten) partiellen Befriedigung des nicht akzeptierten und verdrängten Wunsches.
Zusammenfassend kann festgestellt werden, dass nach der psychoanalytischen Erklärungsansatz Angst-Neurosen und Phobien auf folgende Bedingungen zurückzuführen sind:
In früher Kindheit (etwa bis zum 7. Lebensjahr) wird eine neurotische Disposition (Empfänglichkeit) aufgrund eines Zusammenwirkens von Anlagefaktoren und krankhaften Kindheitserlebnissen erworben. In einem späteren Lebensabschnitt wird das verdrängte infantile Konfliktgeschehen durch bestimmte, z.B. dem verdrängten Geschehen ähnliche Situationen restimuliert. Aufgrund der neurotischen Disposition entsteht nun das neurotische Symptom. Dieses ist das Ergebnis umgewandelter Lust. Das neurotische Symptom stellt einen Kompromiss zwischen den restimulierten infantilen Wünschen und deren Abwehr durch das Ich dar.
Die Neurose hat sich damit etabliert mit der Folge, dass das neurotische Symptom in künftigen ähnlichen Situationen erneut auftreten wird. Das jeweilige Symptom, z.B. Angst, wird also stets dann auftreten,

wenn ein Triebwunsch vom Über-Ich nicht akzeptiert und ins Unbewusste abgeschoben wird, weil das Ich keine andere Lösungsmöglichkeit sieht.

Ziel der im 5. Kapitel vorgestellten Selbst-Analyse ist das Aufdecken, das Bewusst-Machen des in den ersten sieben Lebensjahren verdrängten, krankhaften Konfliktgeschehens sowie der möglicherweise darauf aufbauenden individuellen Konfliktlösungsstrategien. Für die an späterer Stelle näher beschriebene Praxis der Analyse ist die Kenntnis der psychoanalytischen Lehre bedeutsam; deshalb wurde sie hier ausführlich behandelt.

3. Abschnitt: Der Einfluss unterdrückter Gefühle

Auch die langfristige - zumeist auf entsprechende Erziehungsfehler zurückzuführende, u.a. mit der antiquierten Rolle von Mann und Frau zusammenhängende Unterdrückung von Gefühlen kann die Grundlage für eine verstärkte Angstbereitschaft setzen.

Beim Erleben eines Gefühls produziert der Körper Energie, um dieses Gefühl auszudrücken. Mit dem entsprechenden Gefühlsausdruck ist auch gleichzeitig die Energie "ausgedrückt".

Wird das Gefühl dagegen zurückgehalten, bleibt auch die entsprechende Energie bestehen. Wiederholt sich der Prozess des Zurückhaltens von Gefühlen, so summiert sich die zurückgehaltene, nicht ausgedrückte Energie solange, bis die Aufnahmekapazität für solche Energien erschöpft ist. Dieses führt dann bei dem nächsten Versuch, eine Emotion zurückzuhalten, oft zu einer Zwangsentladung, die sich dann in Form eines Errötens, Stotterns, Schweißausbruches, Zitterns der Hände etc. präsentieren kann. Diese Zwangsentladung ist auf das automatische Einschalten eines Regelmechanismus' im Gehirn zurückzuführen, welcher das Bestreben hat, den Menschen vor schwereren Krankheiten zu schützen.

Beim Erröten z.B. spürt der betreffende Mensch die Wirkung des Nervensystems in dem Erleben von Verkrampft-Sein, Unsicherheit und möglicherweise auch Angst. Die Aktivität des endokrinen Drüsensystems (endokrine Drüsen = Drüsen mit innerer Sekretion) zeigt sich in der Weise, dass dem Blut Hormone zugeführt werden, die u.a. bewirken, dass die Blutgefäße der Haut erweitert werden. Durch diesen Erweiterungsprozess und dem damit verbundenen Bedarf an zusätzlichem Blut strömt mehr Blut in die Blutgefäße der Gesichtshaut, was sich körperlich in einem Wärmegefühl und einer rötlichen Färbung der Gesichtshaut auswirkt.

Erlebt nun der betreffende Mensch z.B. das an sich sehr angenehme Erröten als unangenehm, wird er bestrebt sein, es in Zukunft nicht zu einem Erröten kommen zu lassen. Er entwickelt somit eine Angst vorm

Erröten, die sich dann selbst schon bei der bloßen Vorstellung der betreffenden Situation körperlich, wie oben geschildert, auswirken kann. Wenn dieses Stadium erreicht ist, haben wir Angst vor der Angst, so genannte Phobophobie, die uns mit der Zeit immer vorausschauender macht; sie bewirkt, dass wir immer mehr mögliche Angstsituationen aus dem Wege gehen; sie sorgt dafür, dass die natürlichen Genüsse unseres Lebens - gewonnen aus dem zwischen-menschlichen Kontakt - für uns zunehmend schwerer erreichbar werden.

4. Abschnitt: Der Einfluss der Erziehung
Unsere Erzieher haben stets versucht, durch bestimmte Maßnahmen Einfluss auf unser Leben zu nehmen. Dabei haben sie vielleicht:
- uns gelobt für angemessenes Verhalten,
- uns gestraft oder getadelt für unangemessenes Verhalten,
- versucht, in gewissen Dingen uns ein Vorbild zu sein, damit wir deren "vorbildliches Verhalten" nachahmen,
- uns belehrt,
- uns bei einem bestimmten Verhalten entweder Beachtung oder Zuwendung, Geringschätzung oder Wertschätzung entgegengebracht,
- uns gewisse - z.B. geliebte Dinge einfach weggenommen oder geliebte Aktivitäten untersagt und bei diesem Verhalten gleichzeitig, oft ohne es zu wissen, von den Lernprinzipien der positiven Verstärkung,
- der negativen Verstärkung,
- des Beobachtungslernens,
- der Verhalts Beschreibung,
- der Bestrafung durch Entzug positiver Verstärker,
- der Bestrafung durch unangenehme Konsequenzen, Gebrauch gemacht.

Sind wir in unserer Kindheit häufiger gezüchtigt oder durch den Entzug von Zuwendungen gestraft worden und haben wir deshalb unsere Eltern eher strafend als liebevoll zuwendend oder unterstützend erlebt, so kann durch dieses Elternverhalten der Grundstein dafür gesetzt worden sein, dass wir heute dazu neigen, aus einer gewissen Straferwartung heraus zu leben und uns dabei eher als ängstlich-pessimistisch denn als frohgemut-optimistisch einschätzen.
Für unsere Eltern hingegen hatten die Strafmaßnahmen eher positive Konsequenzen, da sie in der Regel zur sofortigen Unterdrückung unseres "unangemessenen" Verhaltens führten. Diese Wirkung verstärkte

noch die Überzeugung unserer Eltern von der Richtigkeit der getroffenen Strafmaßnahme und bewirkte zugleich eine Verstärkung des Strafverhaltens.
Das Verhalten der Eltern, das im Einzelfall durch Kälte, Abneigung, Geringschätzung, Vorschriften, Ausübung von Macht, Ungeduld, Unhöflichkeit, Aggressivität, Beleidigungen, Entmutigungen etc. gekennzeichnet ist, übt einen destruktiven Einfluss auf die individuelle Persönlichkeitsentwicklung aus. Geringes Maß an Kreativität, Streitsucht, schlechte Leistungen in der Schule, Neigung zur Selbstschädigung, geringes Selbstbewusstsein, Unsicherheit und Angst sind die Früchte, die der Baum der Kälte, Abneigung etc. hervorbringt.

5. Abschnitt: Enttäuschende Erlebnisse
Enttäuschende Erlebnisse spielen ebenfalls eine große Rolle im Zusammenhang mit der Entwicklung sozialer Angst. Sie hindern uns massiv an der Befriedigung unserer Bedürfnisse, da wir bestrebt sind, diese Erlebnisse nicht zu wiederholen. Dabei gehen wir Situationen aus dem Wege, die ursprünglich für uns angenehm waren. Enttäuschende Erlebnisse (Frustrationen) müssen nicht unbedingt auf andere Menschen zurückzuführen sein; wir können auch selbst durch Versagen die Ursache dafür setzen. Frustrationen entstehen aus einem Konflikt zwischen Wunsch und Wunschbefriedigung. Haben wir den Wunsch nach Anerkennung, Erfolg, Liebe, Sexualität, etc. und gelingt es uns nicht, diese Wünsche zu erfüllen, sind wir "frustriert". Häufen sich diese enttäuschenden Erlebnisse, so ist es sehr wahrscheinlich, dass sie in der Weise einen prägenden Einfluss ausüben, dass wir uns künftig in bestimmten Bereichen wegen dieses Befriedigungsdefizites weniger selbstbewusst und u.U. minderwertig vorkommen. Dieses treibt uns in einen Teufelskreis, dessen treibende Kraft die auf negative Erlebnisse zurückzuführende, sichere Erwartung einer Frustration ist. Wenn ich z.B. erwarte, keinen Erfolg zu haben, werde ich wahrscheinlich auch keinen Erfolg haben.
Das Zerstörende an häufig erlebten Frustrationen ist deren generalisierende, auf andere Lebensbereiche übergreifende Wirkung. Wer in den Bereichen A bis M bereits einen wesentlichen Befriedigungsmangel aufweist, wird schnell feststellen, dass sich das Defizit wie ein Virus auch auf die Bereiche N bis Z ausbreitet.
Viele Wünsche oder auch Triebe - wie die Aggression und die Sexualität- müssen von uns gezähmt werden. Die Gesellschaft stellt uns überall Verbotsschilder auf, da sie ihre Unversehrtheit bei Zulassung dieser Triebe gefährden würde. Die Triebkontrolle ist also auch wichtig.
Auf der anderen Seite ist es aber auch nicht minder wichtig, eine zu starke Triebunterdrückung, einen zu starken Gehorsam zu vermeiden -

Ventile zu schaffen, um den Druck, den der Trieb erzeugt, freizugeben. Denn jeder Körper wird eines Tages "platzen", wenn seine Kapazität, sein Fassungsvermögen erschöpft ist. Wenn wir keine erlaubten Mittel finden, unser Energiegleichgewicht dadurch wieder herzustellen, dass wir unsere natürlichen, schöpferischen und zerstörerischen Triebe befriedigen können, wenn uns also keine Lösung unserer Wunsch- oder Triebkonflikte einfällt, werden sich unsere eigentlichen Ziele:
Das Erleben von Sicherheit und Glück,
stetig weiter von uns entfernen und Angstgefühle eine dominierende Rolle in unserem Leben einnehmen. Auf die "Ventile" werde ich im 5. Kapitel dieses Buches zurückkommen und einige von ihnen vorstellen.

6. Abschnitt: Der Faktor Stress
Schließlich ist dem Stress bei der Entstehung von Angst eine bedeutsame Rolle zuzuschreiben. Hinsichtlich der Einzelheiten zur Entstehung und Therapie verweise ich auf meine Ausführungen zu den Techniken, die u. a. auch den Stressabbau fördern:
- Autogenes Training,
- Yoga,
- Progressive Relaxation
- und insbesondere Transzendentale Meditation.

4. Kapitel

Übersicht über Behandlungsmöglichkeiten der Angst
1. Abschnitt: Vorwort

Mit diesem Teil möchte ich Ihnen einen kurzen Überblick geben über mögliche Therapien, die in einer Gruppe oder alleine unter Hinzuziehung eines Therapeuten durchgeführt werden können. Derjenige unter Ihnen, der sich selbst nicht so recht motivieren kann, aber dennoch "irgendetwas" machen möchte, hat hier die Möglichkeit, einen kurzen Einblick in das Therapiespektrum zu nehmen, ggf. auch zu schauen, welche Therapie für ihn gegenwärtig am ehesten in Frage kommt.
2. Abschnitt: Verhaltenstherapie
Die Verhaltenstherapie begreift den Menschen als Produkt seiner Konditionierungssysteme. Sie stützt sich dabei auf wissenschaftliche Ergebnisse, die auf Pawlow, Skinner, Hull, u.a. zurückgehen, nach denen bestimmte Verhaltensweisen erlernt - aber auch wieder verlernt werden können.
Bei der so genannten Desensibilisierung beispielsweise - einer der Hilfsmittel der Verhaltenstherapie - wird der Patient dazu angehalten,

sich eine Hierarchie von angstbesetzten Situationen zu notieren und sich diese sodann in der Fantasie im Wechselspiel mit fantasierten "Entspannungssituationen" vorzustellen. Im Verlauf der Therapie "erklettert" der Patient schrittweise seine hierarchisch aufgebaute Angstsituationsleiter. Ziel ist das "Verlernen" der Angst, das durch schrittweise Umformung der Angstreize in Entspannungsreize möglich wird, d.h., auf ursprüngliche Angstreize reagiert der Patient im Endstadium der Behandlung künftig mit Entspannung.

Aber auch das Rollenspiel, das Selbstsicherheitstraining und andere Techniken werden von der Verhaltenstherapie angewandt, um situationsadäquates Verhalten zu erlernen.

3. Abschnitt: Psychodrama

Das Psychodrama ist ein Verfahren, das von Moreno aus dem Stegreiftheater heraus entwickelt worden ist. Hier werden Konfliktsituationen bewusst im Zusammen-spiel mit anderen Patienten in der Weise dargestellt, gespielt, dass der Betreffende, der Protagonist, zunächst den anderen die äußeren Verhältnisse sowie die Charaktereigenschaften der Menschen schildert, die in diesen konkreten Situationen in ihm Angst auslösen. Im Anschluss daran verteilt der Protagonist die Rollen an die Darsteller und das 'Theaterstück" kann beginnen.

Durch das Psychodrama kann der Protagonist lernen, durch das Erleben improvisierter Krisensituationen seine Konflikte auszuleben. Dabei stößt er einerseits auf die Ursachen, andererseits lernt er aber auch, sich in genannten Situationen anders zu verhalten.

4. Abschnitt: Gesprächstherapie

Die Gesprächstherapie - auch "Klienten zentrierte Therapie" genannt - geht auf den amerikanischen Psychologen Rogers zurück. Sie ist eine Methode, bei der der Klient zur Offenlegung seines Konfliktes geführt wird und klarere Einsicht in diesen gewinnen soll. Der Therapeut hat dabei die Aufgabe, durch Fragen, die ehrliches Interesse bekunden sollen, sowie durch das schlichte Wiederholen emotionaler Erlebnisinhalte des Patienten seinen Erkenntnisprozess zu beeinflussen, wobei er eine nicht wertende Haltung einnimmt, keine Ratschläge erteilt, weder kritisiert, noch Schuldgefühle weckt und den Klienten so dazu führt, dass dieser selbst zu einer Lösung seines Konfliktes findet. Diese Haltung des 'Beraters" weckt Gefühle affektiver Solidarität, die beide Individuen zu einem "Wir" zusammenschmelzt.

Beeinflusst durch die gefühlsmäßige Wärme, die das Gespräch erzeugt, sowie den Eindruck des Klienten, dass er mit seinen Gefühlen wichtig genommen und ihm zugetraut wird, die Lösung seines Problems selbst herauszufinden, lernt der Klient in zunehmendem Masse, die Verantwortung für das, was in seinem Leben geschieht, selbst zu übernehmen.

5. Abschnitt: Gruppentherapie
Von dieser Behandlungsform gibt es mehrere Abwandlungen. Diejenige auf psychoanalytischer Grundlage ist wohl am weitesten verbreitet.
Die psychoanalytische Gruppentherapie arbeitet mit entlehnten Techniken aus der Psychoanalyse wie der Traumdeutung und der freien Assoziation, ohne dabei gegenwärtige bzw. "archivierte" Gefühle des einzelnen zu übergehen. Das Ziel ist es, bewusste und unbewusste "Bilder" und Empfindungen aufzudecken und die gefühlsmäßigen Triebfedern des Individuums durchgreifend und neu zu organisieren. Der Gruppenprozess lässt sich etwa in drei Abschnitte zergliedern:
Im ersten Abschnitt steht das Kennenlernen der einzelnen Gruppenmitglieder im Vordergrund. Aus diesem Prozess des Kennenlernens heraus entwickelt sich dann nach und nach ein Gemeinschaftsgefühl, bei dem zunehmend die Furcht der einzelnen vor den anderen abgelegt wird. In diesem Stadium werden in der Regel dem Individuum seine Schwierigkeiten mit sich und den anderen zunehmend deutlich. Der dritte Abschnitt ist gekennzeichnet durch das Bewusst-Werden der individuellen Verhaltenswurzeln.
Bei der Gruppentherapie tritt der einzelne Patient nicht in einen Dialog zu dem Therapeuten. Alle Gruppenmitglieder sind angesprochen und aufgerufen, in die Rolle des Therapeuten zu schlüpfen und durch nondirektive Fragen, Verständnis, sharing (z.B. die Mitteilung eines anderen: "Das kenne ich von mir auch"), Deutungsversuche und nicht zuletzt auch durch körperliche Zuwendung auf den einzelnen einzugehen.

6. Abschnitt: Gestalttherapie:
Die auf den Psychoanalytiker Goldstein zurückzuführende Gestaltpsychologie begreift den Menschen als ein Ganzes, das mehr ist als die Summe seiner Teile. Er vertritt die Ansicht, das Bewusstsein entstehe aus dem Verhältnis zwischen Umwelt und Organismus. Bewusstsein bilde Gestalten des Interesses vor dem Hintergrund von Umgebung und Organismus. Dieser interessiere sich für ein Objekt, wenn es seine Bedürfnisse anspricht. Durch diesen Kontakt mit seinen Bedürfnissen etabliere der Organismus sein Selbst.
Der Psychoanalytiker Perls ging den von Goldstein eingeschlagenen Weg weiter. Seine Gestalttherapie bezweckt, den einzelnen in die Lage zu versetzen, mit seinem Selbst

Kontakt aufzunehmen. Diese Kontaktaufnahme mit dem Selbst - dem Zentrum dynamischer Ruhe, der Basis des Bewusstseins und der Gesundheit, der Quelle kreativen Ausdrucks - schärfe unwillkürlich das Bewusstsein und begünstige die Aktualisierung des inneren Potentials. Nach Perls ist nur ein zentrierter Mensch in der Lage, dieses Selbst zu leben. Denn er hat Kontakt zu diesem Zentrum, das ihn von der Schein-Notwendigkeit befreit, sich fortlaufend anpassen oder verändern zu müssen.

Die Gestalttherapie geht davon aus, dass unbewussten Körperbewegungen die Be-deutung innewohnt, das Individuum an der Einleitung von Maßnahmen auf dem Weg zum Selbst-Bewusst-Werden zu hindern. So ist folgerichtig wesentlicher Inhalt der Gestalttherapie die Körperarbeit, wobei die Kontaktaufnahme nicht nur auf den eigenen Körper beschränkt wird, sondern auch andere miteinbezieht. Dieses soll bewirken, dass der einzelne sich seiner selbst stärker bewusst wird und damit wieder Kontakt zu seinem Zentrum schließt. Das "Hier und Jetzt" wird zum prägenden Moment der Therapie.

7. Abschnitt: Psychoanalyse

Der Begründer der Psychoanalyse, der Wiener Nervenarzt Sigmund Freud, ging davon aus, dass Angst und die anderen, eine Neurose anzeigenden Verhaltensweisen auf einen Krankheitsprozeß hinweisen. Deshalb sei es erforderlich - ebenso wie der Gärtner nicht die welken Blätter, sondern die Wurzel behandelt - nicht die Angst als Symptom, sondern die Wurzel der Angst zu behandeln. Nach Freud sind unbewusste Komplexe wie z.B. der Ödipuskomplex oder sein Gegenstück, der Elektrakomplex, für diese Neurose verantwortlich.

Ziel der Psychoanalyse ist es, diese verdrängten, unbewussten Konflikte und die darauf zurückzuführende Krankheit dem Patienten bewusst zu machen. Das Instrument der Psychoanalyse ist das Deuten von Gedankenbildern, die in der klassischen Psychoanalyse vorwiegend den Träumen entstammen. Der Patient wird dabei angehalten, sich seine Träume aufzuschreiben und sie in den Sitzungen - locker entspannt auf einer Couch liegend - zu erzählen. Dabei soll er Gedankenbilder, die er zu diesem Traum assoziiert und andere Gedanken äußern, die ihm dazu durch den Kopf gehen und die zunächst scheinbar in keinem nachvollziehbaren Bezug zum Traum stehen.

Widerstände können durch Deutungen, Erkenntnisse und wiederholtes Durcharbeiten des Widerstandes an Einfluss verlieren, so dass schließlich Heilung möglich ist. "Durcharbeiten" meint dabei das Umsetzen der Erkenntnisse auf eine Vielzahl von

ähnlichen, den Erkenntnissen zugrundeliegenden Situationen mit dem Ziel einer Verhaltens- und Erlebniskorrektur. Idealerweise ist diese Korrektur gekennzeichnet durch eine Ich-Stärkung, eine Verminderung des Triebdrucks sowie durch eine Veränderung der Über-Ich-Struktur im Sinne z.b. einer Verminderung von Strenge.
Stellt sich im Verlauf des Durcharbeitens keine Symptomverbesserung ein, ist in der Analyse der Frage nachzugehen, ob die Deutung möglicherweise unzutreffend gewesen ist oder ob das symptomatische Erleben noch weitere Determinanten enthält. Bejahendenfalls hat ein erneutes Durcharbeiten auf der Grundlage neuer Erkenntnisse zu erfolgen.
Es wird erwartet, dass symptomatisches Erleben und Verhalten nicht mehr auftreten, sobald alle Symptomdeterminanten geklärt und durchgearbeitet worden sind.

8. Abschnitt: Psychoanalytische Fokaltherapie
Die psychoanalytische Fokaltherapie versucht, in wenigen Sitzungen dem Patienten Zugang zu den Ursachen seiner Angst zu verschaffen mit dem Ziel, dessen Angst und das daraus resultierende Meidungsverhalten zu beseitigen. Es gilt, den Konfliktbrennpunkt aufzuspüren, der für die akuten Störungen verantwortlich ist. Die "Zentrierung" soll durch die Instrumente der emotionalen Wechselbeziehung, Aktivität sowie der Interaktion erreicht werden.

9. Abschnitt: Katathymes Bilderleben
Das Katathyme Bilderleben von Leuner ist eine psychoanalytisch orientierte Methode. Statt Gedankenassoziationen wie in der Psychoanalyse werden hier vom Patienten Ketten frei aufsteigender Bilder im Rahmen eines Tagtraumes entwickelt. Dabei werden aus der Entspannung heraus grundlegende Vorstellungsmotive vom Therapeuten eingeführt, z.B. die Vorstellung eines Hauses, das betreten wird, um es von oben bis unten zu durchforschen; die der Verfolgung eines Bachverlaufes bachauf- oder -abwärts; einer Höhle, die zunächst von außen betrachtet wird, um deren Wesen und Tiefe zu erkunden etc.
Diese szenischen Vorgaben werden dann vom Patienten ausphantasiert und jede Bildveränderung wird dem Therapeuten bzw. den anderen Patienten mitgeteilt.
Es wird davon ausgegangen, dass die Inhalte dieser Tagträume symbolischen Charakters sind und den Ausdruck unbewusster Gefühle, Affekte, Bedürfnisse oder Triebansprüche und deren Abwehr darauf darstellen. Diese vom Patienten fantasierten Tagträume sollen ihm dabei das Problem unmittelbar demonstrieren. Die nicht analysierende Haltung des Therapeuten führt zu einer Stärkung der reifen Anteile des

Patienten-Ich und wirkt einer (Weiter-)Entwicklung von Abhängigkeit schlechthin entgegen.

Dem Tagtraumprozeß liegen Kräfte unmittelbarer Kreativität zugrunde, die den fantasievollen Vorentwurf zur Problemlösung hervorbringen. Beim Katathymen Bilderleben geht es also darum, die verborgenen, imaginativen Fähigkeiten des einzelnen soweit wie möglich freizulegen mit dem Ziel, die kreativen Kräfte der Fantasie zu erkennen und sie nach und nach aus dem Tagtraum heraus in die Realität zu übersetzen.

10. Abschnitt: Rational-Emotionale Therapie
Die Idee des Begründers dieser Methode - Ellis - ging dahin, angepasste, rationale Überzeugungen des Patienten an die Stelle der irrationalen zu setzen. Ellis ging davon aus, dass Angst aus falschen Überzeugungen heraus entsteht. Deshalb hat diese Therapie das Ziel, über das In-Frage-Stellen dieser Überzeugungen ein individuell-rationales Überzeugungsgefüge zu schaffen, das den Patienten in die Lage versetzt, sich in einer der Situation entsprechend angemessenen Weise zu verhalten.

11. Abschnitt: Hypnose
Hypnose ist ein schlafähnlicher, via Suggestion erzeugter Zustand, in dem das autonome Nervensystem vom Willen des Hypnotiseurs beeinflusst werden kann. Dieser Zustand ermöglicht es, auf die emotionale Empfindlichkeit zumindest kurzfristig einzuwirken, da das autonome Nervensystem die Emotionen bedingt.

Bei der Hypnose geht es darum, durch ruhig und langsam gesprochene Worte einen Zustand tiefer Entspannung zu erzeugen. Dieser Zustand ist dadurch gekennzeichnet, dass z.B. durch die Worte:
"Deine Arme und Beine werden schwer!"
tatsächlich eine gewisse Schwere in den Armen und Beinen eintritt, da die Blutgefäße infolge der sich einstellenden Entspannung mehr Blut aufnehmen. Das führt zu einer Verminderung des Blutgehalts im Gehirn, sowie zu einer „gewissen" Ausschaltung der Ich-Instanz. Wenn aber die Ich-Aktivität eingeschränkt ist, können Suggestionen eher in uns eindringen und suggestionsadäquates Verhalten auch im Wachzustand bewirken. Da die Angst-Emotion auf ganz bestimmte Vorstellungsbilder zurückzuführen ist, kann ihr Auftreten durch Verdrängung der Vorstellungsbilder unter Hypnose zumindest kurzfristig verhindert werden.

Unter dem Gesichtspunkt, dass die Angst ein Ersatz für unbefriedigte Wünsche des Es sein kann, ist es möglich, dass nach Beseitigung des

Angst-Symptoms ein neues Symptom entsteht. Deshalb wird regelmäßig in der Hypnosetherapie parallel nach Möglichkeiten zu suchen sein, um diejenigen Spannungen abzureagieren, die das Angst-Symptom ins Leben gerufen haben.

5. Kapitel

Wie Sie sich selbst therapieren können
Vorwort
Der nun folgende praktische Teil enthält Übungen, die Sie selbst, aber auch mit Freunden zusammen, durchführen können. Machen Sie sich dabei immer wieder bewusst, dass Sie sich mit jedem neuen Tage immer weiter der Grenze nähern, die Sie aus dem Gebiet der Isolation und des Gehemmt-Seins entlässt. Das Tempo bestimmen Sie selbst durch Ihren Einsatz. Lassen Sie sich von möglichen "Rückschlägen" nicht entmutigen. Denn Sie kommen trotzdem immer weiter voran und erreichen schließlich Ihr Ziel:
Gleichberechtigt, selbstbewusst und emotional so unter Menschen zu leben, dass das Leben für Sie zur Freude wird.
Die vorgestellten Therapien stehen nicht im Verhältnis "entweder - oder". Es sind Kombinationsmöglichkeiten denkbar, die die positive Entwicklung beschleunigen. Autogenes Training, Transzendentale Meditation, Yoga, Progressive Relaxation, das jetzt leben, Gefühle ausdrücken, etc. können z.B. neben einer Analyse-Technik zum Einsatz kommen – und zum Erfolg führen!
Einzelne Selbst-Behandlungs-Techniken können aber auch nacheinander praktiziert werden. Es wird Ihnen sogar leichter fallen, beispielsweise die Übung "das Jetzt leben" zu praktizieren, nachdem Sie zuvor über die Selbstanalyse Fortschritte erzielt, zusätzlich über Übungen zur Steigerung des Selbstbewusstseins dasselbe vergrößert und über die paradoxe Intention gelernt haben, mit Ihrem "Problem" ironisch, liebevoll und humorvoll umzugehen.
Es ist zu empfehlen, vor Festlegung der Therapieform zunächst nach den individuellen Ursachen der Angst zu forschen. Ist diese beispielsweise auf mangelndes Selbstbewusstsein oder Stress zurückzuführen, wird eher eine nicht analytisch ausgerichtete Technik zu empfehlen sein. In diesem Fall ist direkt auf das Selbstbewusstseins-Training bzw. auf die stress abbauenden Techniken des Autogenen Trainings, der Transzendentalen Meditation, des Yoga und der Progressiven Relaxation zuzusteuern. Grundsätzlich kann über die Anwendungsbereiche der einzelnen Therapien folgendes gesagt werden:

Die analytisch orientierten Therapien (im 5. Kapitel, 2.Abschnitt) entfalten ihre Wirkung am besten dort, wo es gilt, verdrängte traumatische Erlebnisse aus früher Kindheit aufzudecken und zu verarbeiten, d.h. die an die Traumen gebundene und sich in bestimmten Situationen stets aktualisierende Energie zu löschen und somit die Fähigkeit zu einem ganz natürlichen Erleben zurückzugewinnen.

Verhaltenstherapeutische Maßnahmen (Gedanken-Stop; die Kunst, das Leben zu leben; Selbstbewusstseins Training; Paradoxe Intention; Verhaltens-Selbst-Therapie;) können ebenfalls in oben genannten Fällen zum Einsatz kommen. Erfahrungsgemäß zeitigen sie sogar schnellere Erfolge als z.B. analytische Verfahren. Allerdings ist zu bedenken, dass Verhaltenstherapie zuweilen nicht die an das Trauma gebundene Ladung auszulöschen vermag, da sie sich ausschließlich mit den Symptomen der Angst befasst, nicht dagegen - wie die Analyse-Techniken - mit ihren Ursachen. Das schließt allerdings nicht aus, dass auch verhaltenstherapeutische Techniken in vorgenannten Fällen Gewinne in der Weise erzielen können, dass das Symptom "Angst" in gewissen Situationen nicht mehr - bzw. nicht mehr so intensiv wie zuvor auftritt. Gelegentlich ist allerdings eine Symptomverschiebung zu beobachten, die darauf zurückgeht, dass die an das Trauma gebundene Spannung einer entsprechenden "Entspannung" bedarf, die nicht erreicht worden ist.

Die größten Erfolge hat die Verhaltenstherapie dort zu verzeichnen, wo die Angst genetisch auf einen Lernprozess zurückgeht oder lediglich Sozialisationsdefizite - z.B. geringes Selbstbewusstsein aufgrund mangelnder Bestätigung durch die Erzieherautoritäten - die natürliche Kommunikation mit anderen beeinträchtigen.

Autogenes Training, Meditation, Yoga und Progressive Relaxation schließlich schaffen physiologische Bedingungen, die denen in Angstsituationen diametral gegenüberstehen. Angst ist eine Alarmreaktion des Körpers. Vorgenannte Techniken stabilisieren dergestalt das vegetative Nervensystem, dass zumindest unangemessene Alarmreaktionen mit zunehmender Praxis mehr und mehr abnehmen. Am erfolgreichsten sind sie dort, wo Stress bei der Entwicklung der Angst eine Rolle gespielt hat. Aber auch bei Zugrundeliegend anderer Ursache Faktoren vermögen sie zumindest eine Abnahme hinsichtlich Häufigkeit und Intensität der Angstreaktion zu bewirken.

Langfristig sollte eine Festlegung auf einige wenige Techniken erfolgen. Denn jede Technik entfaltet ihre Wirkungen kontinuierlich über einen längeren Zeitraum. Das Nebeneinander-Praktizieren vieler Therapien verlängert die Zeitintervalle für das Praktizieren jeder einzelnen Technik und damit die Zeit, die individuell für jede Technik ablaufen muss, um Wirkungen zu zeitigen. Bei einer Angst, die z.B. auf frühkindliche Entwicklungsphasen zurückgeht, ist zu empfehlen, eine Festlegung auf eine Analyse-Technik und Autogenes Training oder Transzendentale Meditation, Yoga oder Progressive Relaxation vorzunehmen.

Der Entscheid für zwei zeitintensive Therapieformen schließt nicht aus, dass Techniken wie "Gedanken-Stopp", "Gefühle ausdrücken", "das Leben spielen" und "das Jetzt - Leben" nebeneinander angewendet werden. Denn letztere Techniken erfordern zum einen kaum Zeit; zum anderen können sie spontan im täglichen Leben zum Einsatz kommen, um das Jetzt repressiv oder präventiv in der Weise zu gestalten, bereits aufgetretene Angst abzubauen bzw. dem Auftreten von Angst vorzubeugen.

Schließlich soll nicht der Hinweis versäumt werden, dass eine Selbst-Behandlung von Angst bei Psychosen, also beispielsweise Schizophrenie oder affektiven Psychosen (z.B. endogen depressiver oder manisch psychotischer Art), nicht angezeigt ist. Ebenso sollte in Fällen einer bestehenden, schweren Angstneurose zumindest komplementär die Hilfe eines Psychotherapeuten in Anspruch genommen werden, da hier regelmäßig u.a. die sich einstellenden Widerstände zu mächtig werden, um sie allein handhaben zu können

1. Abschnitt: Selbst-Analyse

1. Traum-Analyse

Die Arbeit mit dem Traum ist nach Freud die "via regia" - der königliche Weg ins Unbewusste. Er ist die eigene psychische Leistung des Träumers. Der Traum hat nicht nur Wunschcharakter; in ihm artikuliert sich unter anderem auch das Angst-erlebnis. Er wirkt insoweit kompensatorisch, als er Defizite im täglichen Erleben zu verarbeiten versucht.

Oft ist die Sprache des Traums Ausdruck seelischer Verletzungen im Kindesalter, die bewältigt werden wollen und können. Diese Träume sind nicht selten der Schlüssel zum Begreifen der eigenen Kindheit. Die Verarbeitung solcher Träume kann zur Heilung führen, weil in vielen Fällen spätere Angsterlebnisse auf einem bestimmten Schlüsselerlebnis im Kindesalter beruhen. Mit der Verarbeitung dieses Schlüsselerlebnisses sind automatisch die darauf aufbauenden späteren Geschehnisse ebenfalls bewältigt und können sich im Leben nicht mehr auswirken. Ihnen ist gewissermaßen die Grundlage entzogen.

Das nicht verarbeitete Erlebnis bindet den Betreffenden grundsätzlich noch in der Gegenwart an dieses Erlebnis aus der Vergangenheit und fordert Aufmerksamkeit. Das auf der Basis von Gleichnissen funktionierende Unbewusste ist bestrebt, bei einem bestimmten gegenwärtigen Erleben eine Beziehung zu einem ähnlichen vergangenen, ebenfalls mit Schmerz besetzten Erleben herzustellen. Das kann dazu führen, dass der in einem vergangenen, nicht verarbeiteten Erlebnis gefühlte Schmerz in der Gegenwart wiedererlebt wird.

Die Traum-Analyse hat die Aufgabe, Traumen - frühe schmerzhafte Geschehnisse - aufzudecken, sie zu konfrontieren und sie so in das bewusste Ich zu integrieren. Sie soll die Harmonie zwischen dem unbewussten "Es" und dem bewussten "Ich" wiederherstellen. Aus "Es" muss "Ich" (Freud), das Unbewusste wieder bewusst wer-den. Wo das erreicht wird, ist dem vergangenen Geschehnis die Energie entzogen und die Gegenwart kann unreflektiert und ohne Vorbehalte gelebt werden. In Anlehnung an Aristoteles wird dieser Prozess als "Psychokatharsis" (Seelenreinigung) bezeichnet.

Die Wahrnehmung von mit bestimmten Geschehnissen verbundenen Emotionen ist von entscheidender Bedeutung: Denn Emotionen beeinflussen menschliches Verhalten; wo das Individuum ihnen nicht die gebührende Aufmerksamkeit widmet, kann die dem emotionalen Verhalten zu Grunde liegende versteckte Dynamik nicht rational erfasst werden. Ohne seine entsprechende Bloßlegung ist eine Verhaltensänderung nicht denkbar.

Psychoanalyse bezweckt u.a. eine Ich-Stärkung des Individuums. Dieses Ziel führt über die oben erwähnte Integration der Es-Strebungen in die Sphäre des Ichs und die damit einhergehende Befreiung aus dem übermächtigen Einflussbereich des Über-Ichs. Die Bedeutung der Befriedigung von Es-Wünschen für die Gesamtpersönlichkeit ist zu erhellen und entsprechend zu würdigen. Das Lust-Unlust-Prinzip ist auf diese Weise in das "Realitätsprinzip" zu verwandeln, das von einer gleichberechtigten Koexistenz von Es und Über-Ich ausgeht und keiner dieser Instanzen den Vorrang einräumt.

Werkzeuge der Traumanalyse sind der Trauminhalt selbst, das freie Assoziieren, das Handhaben von Widerständen und die Interpretation des durch die Assoziationsarbeit gewonnenen Materials. 'Freies Assoziieren' meint dabei Laufen-Lassen der Gedanken und Verbalisieren der Einfälle zum zuvor Gedachten oder Gesagten. Der Selbst-Analytiker liegt dabei entspannt auf einer Couch, berichtet sich zunächst seinen Traum und alsdann alle Gedanken, die ihm dazu einfallen - die er zum Trauminhalt assoziiert.

Achten Sie beim freien Assoziieren, beim Laufen-Lassen Ihrer Gedanken darauf, ob Sie selbst es sind, der denkt und fühlt - oder ob Ihnen nach der Weise etwas einfällt, was gewöhnlich von Ihnen an Gedanken oder Gefühlen erwartet wird.

Wesentlich beim freien Assoziieren ist es zu versuchen, zunächst auf jegliches logische Denken zu verzichten; z.B. sollten Sie sich nicht unmittelbar nach dem Aufsteigen eines Gedankens nach dessen Bedeutung fragen. Der Verstand kommt erst im Anschluss an die Assoziationsarbeit im Rahmen der Interpretation zum Zuge. Gelegentlich geschieht es allerdings, dass Assoziation und Verstehen zusammen-fallen. Dagegen bestehen keine Bedenken; solange die Gedanken leicht und frei aufsteigen, wird der Prozess des freien Assoziierens nicht unterbrochen. Charakteristisch für das Unbewusste ist sein Funktionieren in den Bahnen von Gleichnissen: Ein bestimmter Erlebnis- bzw. Gedankeninhalt hat in der Weise Sogwirkung, dass er einen ähnlichen anderen in Erinnerung ruft usw.. Durch das zusammenhängende Erinnern von ähnlichen Geschehnissen kann sich dem Selbstanalytiker ein gewisses Kontinuum von Haltungen aufzeigen, das sich in einem gleichförmigen Verhalten in gewissen Situationen offenbart. Diese Erkenntnis kann Ausgangspunkt sein für den Beschluss, Einstellungen zu ändern. Eine Änderung von Einstellungen ist denknotwendig verbunden mit einer entsprechenden, auf sie gründenden Verhaltensänderung.

Der Selbst-Analyse - dem Erkennen des So-Seins mit seinen Hintergründen - ist eine maßgebliche praktische Bedeutung beizulegen. Wenn Sie Ihr Verhalten ändern und die Wurzel für ein bestimmtes bisheriges Verhalten herausreißen wollen, können Sie nicht länger diese Wurzel ignorieren, sondern es gilt, sie aufzudecken, die im Unbewussten eingepflanzte Wurzel ausfindig zu machen. Innerhalb dieses Prozesses sind u.a. verdrängte Geschehnisse bloßzulegen und zu konfrontieren, d.h. sie sind möglichst lebensnah in der Fantasie erneut zu erleben, um sich von ihrem quälenden Einfluss zu befreien.

Die Qualität der Selbst-Analyse ist abhängig von der Konsequenz, mit der Sie diese praktizieren, von dem Gewicht der Widerstände und Ihrer Fähigkeit, diese Widerstände zu handhaben.

Ein Widerstand kann sich z.B. in das Gewand der Müdigkeit, Aggressivität oder Scham in Ansehung möglicherweise notierter verpönter Wünsche hüllen. Wenn Ihnen das bewusst wird, konfrontieren Sie diese Reaktionen. Verbalisieren Sie, was in Ihnen vorgeht, z.B. wie folgt:

"Ich merke, wie ich zunehmend aggressiver werde. Hängt das vielleicht mit dem eben Gesagten zusammen? Jetzt fällt mir dazu ein, dass ich früher schon einmal so etwas erlebt habe. Und zwar war das so:...

Es ist sinnlos, die Widerstände zu bekämpfen - ebenso, wie es nutzlos wäre - um Freuds Beispiel zu verwenden -, zu versuchen, eine Glühbirne, die nicht brennt, immer wieder einschalten zu wollen. Es gilt herauszufinden, an welcher Stelle der Stromkreis unterbrochen ist: ob in der Birne, in der Fassung, der Schnur oder im Schalter. Erkennen

Sie Ihre Widerstände als bestehend an, respektieren Sie sie als natürliche Reaktion eines bestimmten, ins Unbewusste verdrängten Geschehnisses, das seine Aufdeckung "fürchtet". Widerstand ist eine Abwehrhaltung, die unbewusst eingenommen wird, um diese Geschehnisse im Unbewussten zu bewahren mit dem Ziel, Ängste abzuwehren, deren Entstehung mit dem Bloßlegen dieser Geschehnisse korreliert. Freud maß dem Erkennen eines Widerstandes, seiner Konfrontation und Handhabung die entscheidende verhaltensändernde Wirkung bei. Denn Widerstände können durch Deutungen, darauf aufbauende Erkenntnisse und wiederholtes Durcharbeiten der Widerstände an Einfluss verlieren, so dass schließlich Heilung möglich ist.

Der durch das freie Assoziieren gewonnene Stoff dient als Grundlage der sich anschließenden Interpretation. Es liegt nun ein Assoziationsnetz vor, das die hintergründige "Motivationsdynamik" des Individuums sichtbar und erlebbar werden lässt. Freie Assoziationen unterliegen ebenso wie Träume einer "inneren Zensur" und decken unbewusste Zusammenhänge auf. Mit diesem Erfolg ist der Zugang zur Störquelle geschaffen, so dass Heilung möglich ist.

Bei der Interpretation geht es darum, einen neuen Blickwinkel für bereits be-kannte Anschauungsobjekte zu finden, bekanntes Verhalten in einem ganz neuen Zusammenhang zu sehen und zu beobachten, was geschieht:

Welche Auswirkungen diese neue Sichtweise auf die Haltung zu einer bestimmten Sache hat, auf Gefühle und auf nachfolgendes Verhalten in ähnlichen Situationen. Eine sich einstellende Erkenntnis leitet eine Phase ein, in der sie im Zusammenhang mit neuem Verhalten auf ihre Qualität hin erprobt wird. Dieser Prozess ist naturgemäß mit mancher Enttäuschung und Streben nach alternativen Erkenntnissen verbunden. Stellt sich nämlich im Verlauf des Trainings alternativen Verhaltens keine Symptomverbesserung ein, ist der Frage nachzugehen, ob die Deutung möglicherweise unzutreffend gewesen ist oder ob das symptomatische Erleben noch weitere, bisher nicht aufgedeckte Determinanten enthält. Bejahendenfalls hat ein erneutes Durcharbeiten stattzufinden. "Durcharbeiten" meint dabei das Umsetzen der Erkenntnisse auf eine Vielzahl von ähnlichen, den Erkenntnissen entsprechenden Situationen mit dem Ziel einer Verhaltens- und Erlebniskorrektur. Idealerweise ist diese Korrektur gekennzeichnet durch eine Ich-Stärkung, eine Verminderung des Triebdrucks sowie durch eine Modifikation der Über-Ich-Struktur, die sich beispielsweise durch eine geringere Strenge auszeichnen kann.

Zur Praxis der Traum-Analyse:

1. Der Traum an sich stellt u.a. schon den Versuch dar, nicht konfrontierte und damit verdrängte Geschehnisse zu verarbeiten.
2. Die Traum-Arbeit beginnt mit der Erinnerung an den Traum. Wer Schwierigkeiten damit hat, kann sich zur Unterstützung vor dem Einschlafen die Suggestion geben:

"Ich werde mich morgen früh an meinen Traum erinnern."
3. Schreiben Sie sich nach dem Erwachen Ihren Traum seinem wesentlichen Inhalt nach stichwortartig auf. Einfacher ist es jedoch, wenn Sie Ihren Traum auf ein Diktiergerät/Handy sprechen.

4. Wenn Sie zur Analyse bereit sind, legen Sie sich auf eine Couch oder Ihr Bett. Nehmen Sie sich dann Ihre Traumaufzeichnung zur Hand bzw. spielen Sie sich Ihren aufgezeichneten Traum vor; rufen Sie sich so Ihren Traum in Erinnerung. Schließen Sie dann Ihre Augen.
5. Sprechen Sie sich Ihren Traum erneut halblaut vor. Berichten Sie sich auch die Einfälle, die Ihnen zu bestimmten Passagen des Traumes kommen.
6. Wenn Ihnen nichts mehr einfällt, stellen Sie weiterführende Fragen. Konkrete Fragen tragen zur Klärung von scheinbaren Widersprüchen, Rätseln und diffusem Material bei. Sprechen Sie sich nacheinander folgende Fragen laut vor:
- Was fällt mir dazu ein?

- Welche Personen oder Sachen waren an dem Traumgeschehen beteiligt?

- Wo spielte der Traum?

- Warum ist das geschehen?

- Welche bereits erlebten Geschehnisse drücken sich durch den Traum aus (Kindheit)?

- Welche Erlebnisse des vergangenen Tages tauchen mehr oder minder versteckt im Traumgeschehen wieder auf?

- Welche sexuellen oder religiösen Probleme artikulieren sich?

- Wie erging es mir im Traum?

- Welche Wünsche - welche Ängste - kann ich im Traumerlebnis erkennen?

- Habe ich etwas Ähnliches schon einmal geträumt?

- Habe ich etwas Ähnliches schon einmal im wirklichen Leben erlebt?

- Was wollen mir die Symbole und der sonstige Trauminhalt sagen?
- Soll ich Einstellungen oder mein Verhalten ändern?

Beschreiben Sie sich - indem Sie es halblaut vorsprechen - welche Antworten Sie zu vorstehenden Fragen gefunden haben. Es ist zu empfehlen, diese Fragen auswendig zu lernen, damit Sie bei der Traum-Arbeit auf der Couch parat sind.

7. Versuchen Sie nun, die Bedeutung des Traumes zu erfassen und gegebenenfalls aus dieser Erkenntnis heraus Konsequenzen für Ihr künftiges Verhalten abzuleiten.

8. Setzen Sie sich alsdann an einen Tisch, skizzieren Sie in Reinschrift noch einmal Ihren Traum seinem wesentlichen Inhalt nach und unterstreichen Sie die unter 7. gewonnenen Ergebnisse. Halten Sie in der Reinschrift den genauen Tag des Traumes fest.

9. Versuchen Sie, die Ihrem eigenen Urteil nach entscheidende Szene Ihres Traumes malerisch zu gestalten. Dieses Vorgehen trägt wesentlich zur Erkenntnisbildung bei.

10. Erfinden Sie einen Namen für Ihren Traum und ordnen Sie Ihre Traum-Berichte alphabetisch. Die Szenerie eines bestimmten Konfliktgeschehens, das in einem Traum nicht abschließend verarbeitet worden ist, wird sich in einem anderen Traum in verschleierter Form aktualisieren. Durch die Einordnung Ihrer Berichte werden Sie das schnell bemerken und können daraus Ihre Folgerungen ziehen.

2. Themenzentriertes Assoziieren, Wiedererleben und Analyse

Bei dieser Technik stellt sich der Selbst-Analytiker bestimmte Themen, z.B.: "Urlaubserlebnis". Er beauftragt dann gewissermaßen den "Bibliothekar" in seinem inneren "Erfahrungs-Archiv" herauszufinden, ob er bereits entsprechende Erlebnisse gehabt hat, die mit allen Sinneseindrücken zusammen im Archiv unter "Urlaubserlebnis" eingeordnet worden sind.

Während der "Bibliothekar" regelmäßig keine Schwierigkeiten hat, den Standort angenehmer Erlebnisse aufzufinden und die Informationen auf Ihren geistigen "Bildschirm" mit allen erlebten Sinneseindrücken zu projizieren, stößt er bei der Lokalisierung unangenehmer Geschehnisse auf Hindernisse.

Unangenehme, verdrängte Geschehnisse sind ohne Einschaltung des "Bibliothekars" irgendwo im Archiv versteckt worden. Verständlich, dass er nun seine Mühe damit hat, sie ausfindig zu machen. Man sollte ihm deshalb dafür genügend Zeit geben.

Mit dieser Technik sollen verdrängte, unangenehme bzw. schmerzhafte Erlebnisse aufgespürt und wieder-erlebt werden. Setzen Sie sich dazu in einen bequemen Sessel; schließen Sie Ihre Augen. Erfinden Sie einen Namen für Ihren persönlichen "Bibliothekaren". Wie könnte er heißen? Treten Sie alsdann, wenn sie ihn "getauft" haben, mit ihm in Kommunikation, z.b. so:

"Ernst-August, geleite mich bitte zu einem "Regal", in dem ein Geschehnis eingeordnet ist, in welchem ich von anderen ausgelacht werde."

Hat Ihr "Bibliothekar" Sie zu diesem Geschehnis in die Vergangenheit zurückgeführt, achten Sie darauf, dass Sie dieses Geschehnis genauso wahrnehmen, wie Sie es seinerzeit erlebt haben. Beobachten Sie sich nicht von außen, sondern nehmen Sie in Ihrer Phantasie wieder Ihren damaligen Körper ein. Sprechen Sie sich leise vor, was in dem Erlebnis geschieht. Sagen Sie, was Sie mit Ihren damaligen Sinnesorganen jetzt wahrnehmen, was Sie jetzt sehen, hören, berühren, riechen, schmecken, welche Emotionen Sie haben. Sprechen Sie also in der Gegenwartsform, sagen Sie also z.B. nicht: "Ich sah..." sondern: "Ich sehe...". Das Präsens unterstützt das reale Wieder-Erleben. Die Vergangenheitsform schafft schon rein äußerlich zu viel Distanz zum damaligen Geschehen.

Sind Sie am Ende des Geschehnisses angelangt, so kehren Sie zum Anfang zurück und erleben es noch einmal. Solange beim Wieder-Erleben keine unangenehme Emotion wahrzunehmen ist, sollte jedes Geschehnis zwei Male konfrontiert werden. Ist das Wieder-Erleben jedoch emotionellen Gehalts, gehen Sie sooft durch das betreffende Geschehnis, bis die von damals aufgestaute Energie entladen ist. Hören Sie nicht eher auf! Schmerz- und andere Gefühle sind restituierte körperliche und seelische Verletzungen aus der Vergangenheit. Mit jedem Wieder-Erleben in Ihrer Fantasie verliert dieses Geschehnis mehr und mehr von der aufgestauten, damals nicht voll ausgelebten Energie, bis sie schließlich ganz verschwunden ist. Ist dieses Stadium erreicht, entfaltet das bestimmte Geschehnis keine Kraft mehr und es kann in der Gegenwart bei einem dem damaligen ähnlichen Geschehnis nicht mehr restimuliert werden, sich in der Gegenwart nicht mehr auswirken; es sei denn:

Es gibt noch ähnliche, frühere Geschehnisse, die ursächlich dafür sind, dass Sie sich in bestimmten Situationen immer so verhalten und so fühlen, wie Sie sich in dem frühesten Geschehnis dieser Art verhalten und gefühlt haben.

Fragen Sie sich daher nach dem Abschluss eines jeden Geschehnisses, ob es noch ein früheres Erlebnis dieser Art gibt. Fahren Sie damit fort, bis Sie das früheste Ereignis aufgefunden haben. Machen Sie sich zum Abschluss bewusst, dass Sie etwas getan haben, was Sie für die Gegenwart aufnahmefähiger, freier macht und was zusätzlich Ihrem Selbst-Bewusstsein zugutekommt. Orientieren Sie sich danach im

Raum, konzentrieren Sie sich kurz auf ein bestimmtes Geräusch und öffnen Sie dann Ihre Augen.

Zur Vertiefung empfiehlt es sich, nach der Fantasie-Arbeit die zur Traum-Analyse unter Ziffer 6. aufgeführten Fragen zu beantworten und niederzuschreiben. Bei diesem Vorgehen geschieht es oft, dass einem noch Entscheidendes einfällt; zudem trägt es zur Erkenntnisbildung bei. Die beste Zeit für die Anwendung dieser Technik ist abends - etwa zwei Stunden vor dem Schlafengehen und sollte mindestens zwei- bis dreimal wöchentlich praktiziert werden.

Rufen Sie sich zum Einstimmen auf den Rückruf der einzelnen Sinneswahrnehmungen Erlebnisse zurück, als
- es Ihnen gut ging;
- Sie warten mussten (achten Sie dabei auf das Erlebnis der Zeit, die verging);
- Sie etwas sehr Farbenfrohes gesehen haben (Farberlebnis);
- Sie genauso groß waren, wie ein Küchentisch (Erlebnis einer Relation);
- der Wind durch eine Baumgruppe rauschte (Hör-Erleben);
- Sie in der Küche Küchendüfte gerochen haben (Riechen);
- Sie Ihr Lieblingsgericht geschmeckt haben (Schmecken);
- Sie einer Autoritätsperson die Hand gereicht haben. (Tast-Erleben)

Wenn Sie problemlos Geschehnisse zu den vorgenannten Themen mit allen Sinneswahrnehmungen wiedererleben konnten, fahren Sie mit dem Rückruf unangenehmer, schmerzhafter Erlebnisse fort. Arbeiten Sie im Wesentlichen nur noch damit, weil es gilt, die an diese gebundene Spannung zu entladen: Diese ist für Ihr jetziges Verhalten, das Sie ändern wollen, verantwortlich.

Im Folgenden sind beispielhaft einige Themen genannt, zu denen möglicherweise auch bei Ihnen einige Erlebnisse archiviert sind. Vervollständigen Sie die Themen nach Ihrem Belieben.

In Ihren Sitzungen werden Sie feststellen, dass Ihnen Ihr "Bibliothekar" zu diesen Themen neben bereits wiedererlebten auch immer wieder andere Geschehnisse liefert; ferner werden Sie feststellen, dass Sie zunehmend besser gegenwärtige Geschehnisse genießen können, da Sie sich mit jedem Wieder-Erleben schmerzhafter, verdrängter Erlebnisse aus der Vergangenheit mehr und mehr mit der Vergangenheit versöhnen. Als Gegenleistung spielt Ihnen Ihre Vergangenheit bei einem bestimmten gegenwärtigen Erleben immer seltener Bilder bereits erlebter Situationen ins Bewusstsein, so dass Sie sich in der Gegenwart besser auswirken, ausleben können, weil Sie ausschließlich das gegenwärtige und nicht die verwirrende Kombination von vergangenem und gegenwärtigem Geschehnis konfrontieren.

Richten Sie leise an Ihren "Bibliothekar" nun folgende Fragen; warten Sie, bis er Ihnen ein entsprechendes Geschehnis auf Ihren inneren Bildschirm projiziert und erleben Sie dieses Erlebnis wieder. Sagen Sie leise vor sich hin, was Sie jetzt gerade sehen, hören, riechen, schmecken, ertasten, fühlen.

Versuchen Sie stets, zu jedem Thema ein früheres ähnliches Geschehnis zu finden und gehen Sie erst zum nächsten Thema über, wenn Sie das früheste ähnliche Erlebnis aufgespürt haben.

Die gleich folgenden Themen, zu denen Erlebnisse zu assoziieren und wiederzuerleben sind, sind beispielhaft für Geschehnisse, an die oft krankhafte Her-ausbildungen von Angst geknüpft sind. Einige mögen aus der Sicht des Selbstanalytikers von vornherein ausscheiden, z.B. "Tod eines Elternteiles", was naturgemäß nicht auf jeden zutrifft, im Einzelfall jedoch traumatisch besetzt sein kann.

Nehmen Sie mit Ihrer Datenbank wie folgt Kontakt auf: "Ernst-August (setzen Sie hier den Vornamen Ihres persönlichen "Bibliothekars" ein), bringe mir ein Geschehnis, in dem

- ich von anderen ausgelacht werde

- ich weine

- ich erröten muss

- jemand besser ist als ich

- ich total verkrampft bin

- mir jemand untreu ist

- ich mich sehr vor irgendetwas fürchte

- ich etwas Verbotenes unternehme

- ich heftig kritisiert werde

- ich mich eher mit dem gegengeschlechtlichen Elternteil identifiziere als mit dem gleichgeschlechtlichen

- meine Eltern mich gegen Außenstehende nicht verteidigen

- mein Vater mich straft für ein Verhalten, von dem ich weiß, dass es zu seinem eigenen

Verhaltens-Repertoire zählt
- mein Vater/meine Mutter keine Zeit für mich hat

- ich ein Bündnis mit einem Elternteil gegen den anderen eingehe

- ein Elternteil mich für ein Verhalten lobt, der andere dagegen tadelt

- mich jemand sehr kränkt
- jemand erkennen lässt, dass er von mir und meinen Fähigkeiten nichts hält
- ich sehr aufgeregt bin
- ich meine wahren Gefühle vor anderen versteckt halte
- ich vor Verlegenheit keinen klaren Gedanken fassen kann ich vor Angst schwitze
- ich stottere
- meine Hände zittern
- mein Herz ziemlich schnell schlägt
- meine Mutter mich schlägt
- mein Vater mich schlägt
- meine Eltern mich wegen schulischer Leistungen tadeln und strafen meine Eltern sich

meinetwegen streiten
- ich mich verletze
- ich etwas zerstöre
- ich etwas stehle
- ich mich unmoralisch verhalte
- ich nicht den Forderungen meines Gewissens gemäß handele und dem Druck eines bestimmten Triebes in mir nachgebe, wobei ich die Tat vorher und nachher grundsätzlich ablehne, im Augenblick der Tat aber irgendeine Rechtfertigung er sinne
- es mir unheimlich gut geht und ich etwas unternehme, von dem ich weiß, dass es mir nach Tatausführung schlechter gehen wird ich Schuldgefühle habe
- ich mich schäme
- ich vor jemandem stehe, den ich fürchte
- ich von meinem Partner verlassen werde
- ich mich klein und minderwertig fühle
- mir verboten wird, zu weinen
- mir verboten wird, Angst zu haben
- ich das Gefühl habe, meine Eltern mögen mich nicht
- ich eifersüchtig auf eine(n) Schwester/Bruder bin

- ich eifersüchtig auf den gleichgeschlechtlichen Elternteil bin meine Eltern mich allein lassen
- meine Mutter keine Zeit für mich hat
- meine Eltern sich küssen
- ich ungerecht behandelt werde
- ich nicht gelobt werde, obwohl ich Tolles geleistet habe
- ich ein Bedürfnis nach Liebe habe und meine Eltern mich zurückweisen ich meinen Vater/meine Mutter hasse
- meine Eltern sich streiten
- mein Vater/meine Mutter nach Hause kommt, die Aufmerksamkeit von mir abzieht und ich auf den gleichgeschlechtlichen Elternteil böse bin ein Elternteil stirbt (falls zutreffend)
- meine Eltern sich scheiden lassen (falls zutreffend)
- mein überlebender Elternteil einen neuen Partner findet (falls zutreffend) ich auf den neuen Partner eifersüchtig bin (falls zutreffend) ich kein Vertrauen zu meinen Eltern habe
- ich den Eindruck habe, stellvertretend für einen anderen von meinen Eltern gestraft zu werden
- der gleichgeschlechtliche Elternteil etwas tut, was ich ablehne ich etwas unternehme, um meinen Eltern weh zu tun ich Angst vor Strafe habe
- meine Eltern Zärtlichkeiten austauschen und ich auf den gleichgeschlechtlichen Elternteil eifersüchtig bin
- meine Eltern zu viel von mir verlangen, was ich jetzt einfach noch nicht schaffen kann, weil ich noch zu klein bin
- meine Eltern mir in einer bestimmten Situation keine Rückendeckung geben, mir ihren Schutz versagen".

3. Assoziatives Schreiben
Setzen Sie sich und schreiben Sie alles nieder, was Ihnen in den Sinn kommt: Absurdes, Belangloses, Unangenehmes, Sexuelles etc.
Fällt Ihnen nichts ein, schreiben Sie: "Mir fällt nichts ein." Wenn Sie "nichts" geschrieben haben, sind Ihnen sicher schon wieder neue Gedanken bewusst. Kein Gedanke ist unwichtig. Jeder Gedanke ist ursächlich für einen bestimmten nächsten Gedanken. Kein guter, weiterführender Gedanke entsteht ohne die vorangegangene Gedankenassoziationskette. Die Wertung eines Gedankens als "unwichtig" etc. kann die Reaktion der im Unbewussten gespeicherten Verdrängungsgebilde sein, die ihre Entdeckung "fürchten". Wer darauf bedacht ist, sein

Selbst-Bild aufrechtzuerhalten und daher gewisse, diesem nicht entsprechende Assoziationen zu ignorieren, wird mit dieser Technik kaum Gewinne erzielen können.

Die beste Zeit für die Analyse ist abends vor dem Schlafengehen; denn dann kann der Traum die angefangene und unter Umständen nicht zum Abschluss gebrachte Arbeit zu Ende führen. Der Morgen ist weniger gut geeignet, da unter Umständen nur angeschnittene und nicht bewältigte Probleme Sie in der Qualität Ihres Alltagserlebens beschneiden. Sie sollten sich etwa zwei bis drei Male die Woche jeweils etwa eine Stunde für diese Technik Zeit nehmen. Regelmäßige Analyse ist zwar kein Ziel an sich, jedoch ein Mittel, um Beständigkeit zu wahren und Wider-ständen zu begegnen.

Ihre Aufzeichnungen sollten Sie verschlossen halten. Der Gedanke an die Möglichkeit, sie könnten von anderen gelesen werden, hindert Sie an der ehrlichen Niederschrift Ihrer Gedanken, da Sie über mögliche Reaktionen nachdenken. Vorgenanntes gilt auch für die anderen Analysetechniken.

Neben einzelnen Gedanken steigen Erinnerungsbilder zu Bewusstsein. Dabei stoßen Sie als Selbst-Analytiker auf neue Zusammenhänge und verdrängte Einzelheiten. Die Erinnerung an Fehlschläge und dergleichen kann schmerzhaft sein. Das Niederschreiben solcher Erlebnisse alleine jedoch bewirkt schon eine Teilentladung solcher Energien, die mit dem bestimmten Geschehnis zusammenhängen, wegen des Verdrängungsprozesses nicht ausgelebt wurden und daher noch in quälender Form vorhanden sind.

Gelegentlich geschieht es, dass das freie Assoziieren "archivierte" Gefühle aus dem Unbewussten heraus aktualisiert. Schreiben Sie auch das auf, z.B. wie folgt:

"Ich spüre, wie ein Gefühl von Traurigkeit einen zunehmend dominierenden Ein-fluss auf meine Gesamtstimmung ausübt. Hängt das vielleicht mit den zuvor notierten Gedanken zusammen? Jetzt fällt mir ein, dass ich vor einiger Zeit in einer ähnlichen Situation wie der eben geschilderten auch sehr traurig war... Jetzt schießt mir wie ein Pfeil durch mein Herz, dass ich auch als kleines Mädchen so etwas schon einmal erlebt habe. Damals war es so:..." usw.

Ferner kann es sich im Anschluss an eine schon bestehende Assoziationskette er-eignen, dass Ihnen unvermittelt nichts mehr einzufallen scheint. Gehen Sie in diesem Fall Ihre Notizen einmal durch. Möglicherweise ist ein Widerstand aktiv, den es zu konfrontieren und zu knacken gilt.

Sehen Sie sich auch zu Beginn der nachfolgenden Interpretation Ihre Notizen noch einmal an und stellen Sie ggf. weiterführende Fragen - wie unter Ziffer 6 zur Traum-Analyse dargestellt. Auch wenn bei der

Interpretation der Verstand dominiert, sollte Raum für weitere Assoziationen verbleiben. Gehen Sie bei der Deutung der freien Assoziationen Ihrem Interesse für bestimmte Themen nach.

Themenzentriertes assoziatives Schreiben
Eine Variante zum assoziativen Schreiben ist das themenzentrierte assoziative Schreiben. Dabei schreiben Sie alles nieder, was Ihnen spontan zu bestimmten Themen einfällt:
Schmerz; Sexualität; Angst; Zärtlichkeit; Religion; Liebe; Erfolg; Minderwertigkeit; Misserfolg; frühe Beziehungen zur Mutter/zum Vater und zu anderen Bezugspersonen.
Finden Sie weitere Themen. Gehen Sie im Übrigen vor wie beim assoziativen Schreiben.
Selbst-Analyse ist regelmäßig ein zeitintensiver Prozess. Doch die Mühe lohnt sich: Die Ergebnisse sind stabil!

4. Spiegel-Analyse
Im Gegensatz zum Fernsehen sind Anschauungsobjekt bei der Spiegel-Analyse Sie selbst:
Gesichtsausdruck, zugrundeliegende Emotion, Lebensgeschichte, Gegenwart und Zukunft.
Während beim Fernsehen zumeist unwillkürlich eine Identifikation mit der angenehmsten Rolle von Darstellern des eigenen Geschlechts erfolgt - was nicht selten mit einer Verwirrung von Ich-Werten in Verbindung steht - fördert die Spiegel-Analyse die eigene Individuation (Selbst-Werdung). Sie beleuchtet defizitäre und unter Umständen verdrängte schmerzhafte Erlebnisse, an die das Angstsymptom gekoppelt ist, so dass sie nicht mehr aus dem Dunkel des Unbewussten heraus wirksam werden können. Wenn dieses Stadium erreicht sein wird, hat Fernsehen für Sie bereits stark an Bedeutung verloren; denn Fernsehen ist ja oft motiviert durch das unbewusste Streben, Identifikationslücken zu schließen.
Für die Praxis der Spiegel-Analyse eignet sich am besten ein halbdunkler Raum. Sie können sich dazu bequem vor einen Spiegel setzen, rechts und links eine Kerze platzieren und z.B. meditative Instrumentalmusik hören.
Sehen Sie sich wechselweise ins rechte und linke Auge. Treten Sie ein in das Reich Ihres Unbewussten durch das weit geöffnete Tor Ihrer Pupillen. Auf Ihrem Weg werden sich Gedanken zu Ihnen gesellen, die sich rasch zu Gedankengefügen formieren und Ihnen vorausgehen. Folgen Sie ihnen ganz aufmerksam. Sie weisen Ihnen den Weg.
Zwischendurch gilt es Rätsel zu lösen, um voranschreiten zu können. Um diese zu erkennen, ist es wichtig, diesen Zeit zu geben, sich zu

entwickeln, bis sie aus dem Unbewussten heraus bewusst geworden sind und verbalisiert werden können. Nach diesem Schritt lauschen Sie, ob Assoziationen hinzutreten und Sie weiter ins Dunkel Ihres Unbewussten hinabgeleiten. Ihre Pupillen, die Musik und aufsteigende Gedanken wirken als Katalysator auf der "Reise" zu Ihrer Katharsis oder Erkenntnis, als Eintrittskarte zu einem Teil Ihres verschütteten Selbst.
Gedanken vereinigen sich gelegentlich zu Bildern. Diese reihen sich so aneinander, dass ein Film entsteht. Ihr persönliches Film-Repertoire besteht in der Größenordnung Ihres bisher gelebten Lebens. Um die einzelnen Filme zu schauen, haben Sie nicht einmal eine Eintrittskarte zu lösen. Sie haben den Preis bereits durch die Qualität Ihres So-Seins beglichen. Viele Ihrer Filme enthalten Spielszenen, in denen sich durch Ihre Angst Ihre Identifikationslücken artikulieren. Steigen Sie ein in den Film - und in dem Masse, wie Sie in dem Film über Assoziationen zu früheren Erlebnissen zurückkehren, werden Sie vorankommen. Zunächst mag Ihnen dieses Prozedere töricht erscheinen. Übergehen Sie jedoch diesen Gedanken, so werden Sie einen Meilenstein erreichen, an dem Sie Gewinne erzielen.
Zusätzliche Fragen, insbesondere die stets wiederkehrenden nach dem "Warum", dienen Ihrer Erforschung. Nicht alle der unten aufgeführten Fragen werden bei Ihnen auf fruchtbaren Boden stoßen. Wenn Sie das realisieren, gehen Sie zur nächsten Frage über. Aber prüfen Sie, ob Sie nur deshalb die Frage übergehen, weil Ihnen die Frage unangenehm ist. Das ist oft ein Indiz dafür, dass Ihr Unbewusstes "Entdeckung fürchtet". In diesem Falle sollten Sie der konkreten Frage und den dazu auftauchenden Assoziationen besondere Bedeutung beimessen.
Schauen Sie sich in Ihre Augen. Entdecken Sie sich in Ihrer Eigentlichkeit. Spielen Sie sich nichts vor - versuchen Sie nicht, vor sich selbst ein bestimmtes Trugbild auf-recht zu erhalten. Beginnen Sie, zunächst vor sich selbst ehrlich zu sein und setzen Sie damit den Grundstein, emotionale Ehrlichkeit auszubauen.
Stellt sich nicht nach einiger Zeit von selbst ein Selbst-Dialog ein, so richten Sie an Ihr Spiegelbild nacheinander folgende Fragen:
- Was steckt eigentlich hinter Deinen Augen?
- Welches Geheimnis hütest Du, das Du niemandem anvertrauen würdest?
- Warum darf es niemand erfahren?
- Wie lange willst Du dich noch verstecken?

Angenommen, jemand würde in Deiner Gegenwart soziale Angstsymtome zeigen; wie würdest Du ihn beim nächsten Treffen behandeln? Würdest Du ihn verachten? Ihn bewundern? Warum?
Verachtest Du Dich selbst in Phasen sozialer Angst? Warum? Was wärest Du eigentlich ohne Deine Angst?
Wann verspürtest Du zum ersten Mal soziale Angst? Welches Geschehnis liegt dem zugrunde?
- Was fürchtest Du? Warum?
- Welche Vorteile bietet Dir Deine Angst?
- Will Dich Deine Angst vor irgendetwas schützen? Warum?
- Ist Deine Angst eine Reaktion auf bestimmte Verhaltensweisen von Dir? Warum?
- Könntest Du auf diese Verhaltensweisen verzichten? Warum nicht?
- Wärest Du bei Verzicht auf diese Verhaltensweisen ohne Angst oder liegt die Ursache weiter in Deiner Lebensgeschichte zurück?
- Hast Du eine strenge Erziehung genossen und Deine Eltern deshalb abgelehnt?
- Hast Du Deinen Vater/Deine Mutter in früher Kindheit manchmal gehasst und bist besorgt gewesen, er/sie könnte es merken?
- Hast Du zuweilen ein beklommenes Gefühl, eine Art Schuldgefühl sowie eine gewisse Straferwartung? Warum?
- Verspürst Du dann den Drang, etwas an sich von Deinem Gewissen Verpöntes zu tun, um quasi Dein Schuldgefühl an diese Tat zu binden?
- Warum verhältst Du Dich manchmal so widersprüchlich?
- Seit wann ist dieser Mechanismus in Dir aktiv?
- Welches Erleben/welche Tat liegt dem zugrunde?

Finden Sie selbst weiterführende Fragen.
Solange Sie sich selbst nicht gefunden haben, ist es müßig, sich durch verzweifelte Filmschau irgendwo zufällig entdecken zu wollen. Jedes Individuum ist in seinem Spektrum einzigartig. Deshalb werden Sie sich beim Fernsehen nie vollständig wiedersehen - es sei denn, Sie haben bereits in einem Film mitgewirkt, den Sie gerade schauen.
Ist Ihr augenblicklicher Zustand dadurch gekennzeichnet, dass Sie sich auf die Suche nach Idealen, nach Identifikationsmöglichkeiten begeben, so spricht vieles dafür, dass Sie im Rahmen Ihrer psycho-sexuellen Entwicklung (Geburt bis etwa zum 7. Lebensjahr) zumindest keine vollständige Identifikation mit Ihrem gleichgeschlechtlichen Elternteil erreicht haben. Identifikation erfolgt regelmäßig dann, wenn es lohnend gewesen ist, den gleichgeschlechtlichen Elternteil zu leben, weil

er z. B. auf positives Nachleben mit Zuwendungen reagiert, er also ein taugliches Ideal gelebt hat. Im anderen Fall ist Aufdeckung der Identifikationslücken angezeigt.
Fernsehen aus dem unbewussten Streben heraus, die Identifikations-, Über-Ich-Lücken zu schließen, kann Verwirrung stiften. Fernsehen ist angenehmer Konsum, Spiegel-Analyse neben meditativ-entspannenden Phasen zuweilen anstrengende Analysearbeit. Fernsehen kann gegenwärtigen Genuss mit nachfolgender Frustration bieten, Spiegel-Analyse dagegen einen Prozess zum künftigen und beständigen Genuss hin einleiten.

4. Entlastung des Gewissens durch Anerkennung der widersprüchlichen Triebstrebungen und Schaffung einer objektivierten Werteordnung

Wie wir oben (im 3. Kap., 2. Abschnitt) gesehen haben, ist das Gewissen (Über-Ich) die im Laufe der Erziehung in der Seele "installierte" Werteordnung, die Erzieherautorität, das "ins Herz geschriebene" Gesetz, das in drei Phasen zum Zuge kommt:
Zunächst mahnt es vor Tatausführung zur Einhaltung der subjektiven Wertordnung. In der zweiten Phase steht die Entscheidung, mit der sich der Mensch für oder wider seine Werte entscheidet. Nach Tatausführung lobt es entweder das zu Grunde liegende Werk - mit dem Ergebnis eines "reinen" Gewissens - oder es verurteilt das Individuum für wertewidriges Verhalten; dieses bedingt ein "schlechtes" Gewissen, das Schuld-, Angst- und unter Umständen auch Minderwertigkeitsgefühle erzeugt. In der Angst des Ichs vor dem Über-Ich artikuliert sich innerpsychisch die Fortführung der Kindesangst vor der Strafe des Erziehers und vor Liebesverlust. Nach Freud, der zwischen natürlicher, moralischer und neurotischer Angst unterscheidet, ist hier ein Fall der moralischen Angst gegeben.
U.a. auch das Ich des Angst-Neurotikers hat sich im Wechsel mit einem über-mächtigen Es bzw. Über-Ich auseinanderzusetzen, so dass sein Ich kontinuierlich eine Schwächung erfährt. Das Ich erliegt bald der Herrschaft des Es - unter Verletzung der Werteordnung des Gewissens - bald derjenigen des Über-Ichs. Der Wechsel der unterschiedlichen "Besatzungsmächte" erzeugt im Ich Spannungen, die zum Auftreten der dispositionell bedingten, neurotischen Symptome (Zittern, Erröten, Schwitzen, etc.). führen. Das Auftreten dieser subjektiv mehr oder minder als unangenehm empfundenen Symptome wertet das Individuum als Strafe für die Befriedigung verpönter Wünsche. Das Straferleben hilft, Schuldgefühle und Gewissensangst aufzulösen. Die

Strafe wird mit zunehmendem Leiden als ungerecht, als unverhältnismäßig in Ansehung des "relativ geringfügigen Vergehens" empfunden, so dass unter Umständen Hassgefühle gegen die Strenge des moralischen Zensors, des eigenen Gewissens, entstehen können. Dieser Umstand schwächt den Einfluss unbewusst moralischer Hemmnisse und bedingt gleichzeitig einen Machtzuwachs des Es.

Die neurotische Angst ist nach Freud untrennbar verbunden mit einem allzu mächtigen Über-Ich, dessen Forderungen das Ich angesichts starker Es-Wünsche nicht erfüllen kann. Der einzelne hat hier die Aufgabe, für die nötige Entspannung zu sorgen, um Harmonie zwischen den Instanzen herzustellen:

Aus Es muss Ich werden (Freud) Dazu sind folgende Schritte erforderlich:

Für das geschwächte Ich gilt es Partei zu ergreifen. Das Ich muss gestärkt werden, damit es sich gegen die Forderungen von Es und Über-Ich behaupten kann. Ursprung sowie Vor- und Nachteile der Es- und Über-Ich-Forderungen sind aufzudecken mit dem Ziel, die jeweiligen Strebungen anzuerkennen.

Überlegen Sie, welche Personen in welchen Situationen durch welche Worte Ihr persönliches Wertesystem geschaffen haben. Können Sie sich damit anfreunden? Welches sind die Vor- und Nachteile Ihres Systems? Sagen Sie zunächst tief in Ihrem Inneren: "O.K." zum gegenwärtigen Zustand, aber beschließen Sie gegebenenfalls Änderungen.

Setzen Sie sich des Weiteren mit Ihren Es-Strebungen auseinander. Machen Sie sich klar, dass die Befriedigung zahlreicher Es-Wünsche - z.B. das Verlangen nach Essen, Trinken, Schlafen, Sexualität, Liebe etc. - für Sie lebensnotwendig bzw. für Ihre Persönlichkeitsentfaltung wichtig ist.

Viele Es-Wünsche sind ich- und Über-Ich-gerecht. Andere sind es nicht. Machen Sie sich bewusst, dass das Entstehen verpönter unmoralischer Wünsche im theologischen Sinne durch die Erbsünde und/oder im psychologischen Sinne durch Ihre individual-lebensgeschichtlichen Erfahrungen bedingt ist. Akzeptieren Sie, dass es so ist. Akzeptieren Sie auch das Unmoralisch-Lustvolle als Teil Ihrer Gesamtpersönlichkeit, als zu Ihrer Identität gehörig. Verdammen Sie solche Strebungen nicht. Schenken Sie ihnen Gehör, sehen Sie sich die Wünsche an, konfrontieren Sie sie. Tun Sie nicht so, als seien es nur die anderen, die solche Wünsche hätten. Denn das vehemente Verwerfen einer derartigen Strebung bewirkt dessen Abtauchen ins Unbewusste. Dort existiert der Wunsch verschleiert fort, sammelt Kraft und wartet auf den Augenblick, in dem die Kontrollinstanzen anderweitig in Anspruch genommen und dadurch geschwächt sind, um dann urplötzlich aufzutau-

chen und an den Kontrollinstanzen vorbei seine Befriedigung zu bewirken. Seien Sie sich dieses Mechanismus' bewusst und arbeiten Sie kontinuierlich an der für Ihre Selbst-Werdung erforderlichen Annahme Ihres Es.
Im nächsten Schritt ist zwischen "echtem" und "falschem" Schuldbewusstsein zu trennen. Schuldgefühle zeigen nicht ausschließlich eine objektive Schuld an; sie sind zunächst einmal lediglich Ausdruck einer subjektiv gefühlsmäßigen inneren Wertung des Verhaltens als eines verwerflich schuldhaften. Ob daneben auch objektiv Schuld gegeben ist, gilt es herauszufinden durch Erstellung einer objektivierten Werteordnung. Bei der Ermittlung dieser neuen objektivierten Werteordnungen sind als Beurteilungskriterien:
Vernunft, persönliche Erfahrungen sowie ein sorgfältiges Abwägen zwischen Pro und Contra heranzuziehen. Erstellen Sie sich selbst eine solche Werteordnung und schreiben Sie sie auf. Identifizieren Sie sich mit ihr. Verinnerlichen Sie sie und sagen Sie in fester Überzeugung "Ja" dazu. Nur "richtiges" Schuldbewusstsein als moralischer Antrieb für seelische Reifung und Selbstkritik kann angenommen werden.

6. Der psychoanalytisch-theologische Weg der Angstbewältigung
Durch Lesen der heiligen Schrift, Glauben, christliche Zusammenkünfte, Gebet, Freude und Dankbarkeit für das Leben entsteht eine unmittelbare und affektive Ich-Du-Beziehung zu Gott. Diese Beziehung bringt den Mut des Vertrauens her-vor. Er ist die Kehrseite des Glaubens, der subjektiv empfundenen Gewissheit von der göttlichen Vergebung. Der Gläubige fühlt sich von Gott auch in seiner ganzen sündhaften Unvollkommenheit angenommen. Er weiß, dass "das Böse" dem Mensch-Sein durch die Erbsünde bedingt innewohnt und nur Jesus Christus, Gottes Sohn, ohne Sünde war. Er weiß, dass Jesus für die Schuld aller Menschen gestorben ist - das konnte er nur als vor Gott Unschuldiger. Er ist sicher, dass ihm die "Geißel" der Schuld genommen wird, wenn er Gott im Namen Jesu um Vergebung bittet. Der Gläubige ist davon überzeugt, dass es für Gott, ohne den nicht einmal das "Nichts" existierte, ein Kinderspiel ist, den um Vergebung Bittenden zu entlasten, seiner Seele die Inschrift der Tat wieder zu nehmen.
Bekennen, Vergebung und Frei-Sein von Schuld bedeutet gleichzeitig auch Frei-Sein von mit der konkreten Schuld zusammenhängenden Angst vor Entdeckung der Tat und Vergeltung. Durch das offene Bekenntnis der verpönten Tat im Gebet und dem Glauben an die göttliche Vergebung wird das Individuum mit Gott und seiner Umwelt versöhnt. Das offene Bekenntnis impliziert eine Auseinandersetzung mit der Tat. Diese beugt einem Abschieben von Tat und Schuld ins Unbewusste vor, wo sie großen Schaden anrichten können.

Schuldannahme und Vergebung verhindern ferner die Einschaltung des Projektionsmechanismus`, wodurch unbewusst ein geeigneter anderer - ein Sündenbock - mit der eigenen Schuld belastet wird. Darüber hinaus findet keine "Über-tragung" mehr statt, d.h. das Individuum überträgt nicht mehr die Rolle des strafenden Richters auf jeden Nächsten im Bewusstsein seiner Schuld und Angst vor Entdeckung seiner Tat und nachfolgender Sühne, so dass er sich auch seinem Nächsten gegenüber frei fühlen darf. Das schlechte Gewissen räumt seinen Platz für den Frieden, die Angstlosigkeit, die Zuversicht, die dem Individuum zuteilwerden. Neben der auf festen Glauben, Vertrauen und Liebe gegründeten Beziehung zu Gott ist kein Raum mehr für die weltliche Angst, die ja auch das Ergebnis eines Defizites auf den Gebieten: Glaube, Vertrauen und Liebe darstellt.

Durch die Befreiung seines Gewissens schafft der einzelne eine weitere Bedingung für Selbst-Werdung: Nämlich Selbstliebe, die ja im christlichen Gebot der Nächstenliebe denknotwendig enthalten ist. Verfehlung der Selbst-Werdung durch Selbst-Annahme, der Hinnahme der ungeschminkten Identität ist im theologischen Sinne echte Schuld. Selbstannahme ist höchstes Lebensziel und ohne Selbstverwirklichung und Selbst-Liebe ist der einzelne auch zur Nächstenliebe, die ihm als Auftrag anvertraut worden ist, nur sehr eingeschränkt in der Lage.

3. Abschnitt: Selbtsbewusstseinstraining

Selbstbewusstsein und Optimismus stehen zueinander wie Minderwertigkeitsgefühl und Pessimismus. Selbstbewusstsein ist generell das Ergebnis von Erfolg pro angestrebter Ziele. Derjenige, der viele solcher Ziele erreicht, ist auf den entsprechenden Gebieten selbstbewusst und daher optimistisch, dass er dort in Zukunft auch erfolgreich sein wird. Je mehr ein Mensch Erfolg hat, desto weniger vermögen ihn Frustrationen, d.h. vergebliche Versuche, ein Ziel zu erreichen, zu erschüttern. Andererseits können Frustrationen bei einem überwiegend erfolglosen Menschen eine verallgemeinernde Wirkung dahin entwickeln, dass der Betreffende auch auf den Gebieten, auf denen er sonst Erfolg gehabt hat, selbst-unbewusst und damit in gewisser Weise auch ängstlich wird.

Selbstbewusstsein kann jeder erwerben. Pessimismus kann sich in Optimismus verkehren. Voraussetzung dafür ist zunächst der unbedingte Wille, dafür etwas tun zu wollen. Ferner eine realistische Einschätzung der individuell erreichbaren Ziele und schließlich die Durchführung von zunächst leichten, danach kontinuierlich schwierigeren Übungen.

1.Vorschlag: Beobachten
Beobachten Sie sich eine Woche lang und schreiben Sie die Situationen auf, in denen Sie selbst-unbewusst gehandelt haben.

Bestimmung der individuell möglichen Langzeitziele
Sehen Sie sich die Eintragungen unter "Beobachten" an und bestimmen Sie konkret, in welchen Bereichen Sie etwas ändern wollen. Die danach anzufertigende Liste sollte nach der Bedeutung der einzelnen Ziele hierarchisch untergliedert sein und kann etwa so beginnen:
- Ich will meine tatsächlichen Fähigkeiten erkennen.
- Ich will nicht länger jeden Misserfolg meiner eigenen Person zuschreiben.
- Ich will meine wirkliche Meinung anderen nicht länger vorenthalten.
- Ich will meine Mitmenschen öfter loben.

Kurzzeitziele
Bestimmen Sie zusätzlich jeweils abends für den nächsten Tag Kurzzeitziele und tragen Sie diese in Ihren Tageskalender ein. Schreiben Sie auf, was Sie heute im Hinblick auf die Verwirklichung Ihrer Langzeitziele unternehmen wollen, z.B.:

- zur Arbeit gehen

- den Vermieter auf den tropfenden Wasserhahn aufmerksam machen und ihn bitten, den Mangel zu beheben

- mein Fahrrad reparieren

- den Chef wegen Gehaltserhöhung ansprechen

Nehmen Sie sich vor dem Schlafengehen Ihren Kalender wieder zur Hand und schauen Sie, welche Ziele Sie erreicht haben. Vermerken Sie dieses hinter jedem Kurzzeitziel - gegebenenfalls auch mit einem Kurzkommentar, z.B.:
zur Arbeit gehen: geschafft! war toll heute; ich habe Frau M. gelobt und sie hat sich riesig gefreut!
Nehmen Sie sich Zeit, sich über die erreichten Ziele zu freuen und machen Sie sich bewusst, dass Ihr Selbstbewusstsein in dem Masse steigt, in dem Sie angestrebte Ziele - und seien sie auch noch so leicht zu erreichen - verwirklichen.

Erfolgsbelohnung
Entwerfen Sie eine Liste, in der Sie für bestimmte Zielverwirklichungen konkrete Belohnungen festlegen. Das ist ungeheuer wichtig! Belohnungen verstärken das entsprechende Verhalten und motivieren Sie

zu Wiederholungen. Wird z.B. selbstbewusstes Verhalten verstärkt, so tritt es automatisch immer häufiger auf.

Unterscheiden Sie in der Qualität der Belohnung zwischen Nah- und Fernzielen; belohnen Sie sich also für das Erreichen von Nahzielen mit kleinen Dingen materieller oder immaterieller Art, für das Erreichen von Fernzielen mit größeren Dingen.

Allgemeines selbstbewusstseinsförderndes Verhaltenstraining
Das allgemeine Training können Sie unabhängig von den individuell bestimmten Zielen durchführen. Das bei diesem Training gewünschte Verhalten ist dabei nicht um seiner selbst willen, sondern nur des Erfolges - des gewonnenen Selbstbewusst-Seins wegen erstrebenswert. Das dadurch erzielte Selbstbewusstsein entfaltet mit zunehmenden Trainingserfolgen eine „ansteckende" Wirkung dahin, dass Sie sich auch auf anderen Gebieten selbstbewusst verhalten.

Bei diesen Übungen ist es erforderlich, dass Sie mit der einfachsten beginnen und allmählich zu schwierigeren übergehen. Gehen Sie erst zur nächsten Übung über, wenn Sie die letzte einige Male selbstsicher durchgeführt haben.

Belohnen Sie sich für selbstbewusstes Verhalten zum Abschluss der letzten Übung der letzten Stufe. Klopfen Sie sich auf die Schulter und sagen Sie zu sich: "Das habe ich aber mal wieder genial auf die Reihe gekriegt!"

Es folgen unten einige Beispiele, bei deren Durchführung Augenkontakt und freundliches Verhalten die Gewinne potenzieren; denn Sie ernten dort Freundlichkeit, wo Sie diese gesät haben. Das stärkt Ihr Selbstbewusstsein komplementär.

1. Stufe:
Fangen Sie an, alle die Menschen zu grüßen, mit denen Sie im weitesten Sinne Kontakt haben - Nachbarn, Kollegen, den Pförtner in Ihrer Firma, die Reinigungs-kräfte, die Kassiererin im Supermarkt etc. Grüßen Sie sie auch bei der nächsten Begegnung, selbst wenn sie Sie bei der letzten nicht zurückgegrüßt haben. Erwarten Sie einfach keinen Gegengruß. Grüßen Sie nur, weil **Sie** es wollen und nicht, um einen Gegengruß zu erfahren. Werten Sie dennoch jeden erwiderten Gruß positiv für sich.

2. Stufe:
Fragen Sie jemanden nach der Uhrzeit, dem Weg etc. und bedanken Sie sich für die Auskunft.

3. Stufe:
Bitten Sie in einem Supermarkt Ihren Hintermann, Ihren Einkaufswagen weiterzuschieben und holen Sie den "vergessenen" Artikel (den Sie tatsächlich natürlich nicht vergessen haben).

4. Stufe:
Gehen Sie in ein Hosengeschäft; lassen Sie sich von dem Verkäufer mehrere Hosen zeigen und probieren Sie diese an. Bedanken Sie sich beim Verkäufer, verabschieden Sie sich von diesem und verlassen Sie das Geschäft, ohne etwas gekauft zu haben.

5. Stufe:
Bitten Sie Ihren Nachbarn, Ihnen mit einigen Eiern auszuhelfen. Erklären Sie ihm, Sie hätten sich den ganzen Tag schon auf Rührei gefreut und nun hätten Sie vergessen, rechtzeitig Eier zu kaufen.

6. Stufe:
Diese Übung machen Sie am besten mit Ihrem Freund oder Ihrem Partner. Vertrauen Sie ihm an, dass Sie diese Übung im Rahmen Ihres Selbstbewusstseinstrainingsprogramms durchführen wollen und bitten Sie ihn, Ihnen dabei zu helfen.
Setzen Sie sich dazu bequem auf einen Stuhl in einer Entfernung von einem Meter und schauen Sie sich etwa fünf Minuten nur in die Augen - ohne etwas zu sagen.
Diese Übung können Sie auch noch ausführen, wenn Sie schon höhere Bewusstseinsstufen erreicht haben. Sie können diese Übung auch ausführen, ohne dass der andere merkt, dass Sie eine Übung machen. Säen Sie die Gewohnheit, den Menschen, mit denen Sie sich unterhalten, möglichst lange in die Augen zu sehen; es gibt in der zwischenmenschlichen Kommunikation kaum Angenehmeres.
Wenn Ihnen für diese Übung kein Partner zur Verfügung steht, können Sie diese Übung auch mit einem Bild durchführen, auf dem besonders ausdrucksvolle Augen zu sehen sind.

7. Stufe:
Sprechen Sie jemanden auf der Straße an und bitten Sie ihn, Ihnen einen 5-Euro-Schein in Kleingeld zu wechseln; Erklären Sie ihm, Sie müssten dringend telefonieren. Bedanken Sie sich - egal, ob er Ihnen hat wechseln können oder nicht; denn er hat Ihnen durch die Kontaktaufnahme zu Ihnen ja tatsächlich geholfen - und Sie ihm!

8. Stufe:
Begeben Sie sich in ein Postamt, in dem reger Publikumsverkehr herrscht. Nehmen Sie Blickkontakt zu mehreren aus einer Schlange auf. Wenden Sie sich alsdann an einen größeren Personenkreis gut verständlich mit der folgenden Bitte: "Entschuldigen Sie, könnte einer von Ihnen mir vielleicht 10,00 € in Kleingeld wechseln? Ich brauche es dringend für den Briefmarkenautomaten draußen."
Seien Sie erfinderisch! Das tägliche Leben ist reich an Kontaktmöglichkeiten. Wenn Sie aufmerksam durchs Leben gehen, werden sich für Sie viele solcher Möglichkeiten eröffnen. Es muss nichts Geistreiches sein! So können Sie sich z.B. an einer Bushaltestelle auch über das Wetter unterhalten, wenn Ihnen sonst nichts einfällt. Oder mit einem Hundehalter über dessen Liebling. Es geht nicht darum, was Sie erzählen, sondern wie Sie sich mit dem anderen unterhalten: Ob Interesse am anderen besteht, das Gefühl beteiligt ist und über Mimik, Gestik und die Sprache zum Ausdruck kommen. Ist das der Fall, kann selbst ein so banales Gespräch wie das über das Wetter als angenehm empfunden werden.
Das Gesprächsthema ist nur ein Hilfsmittel, um den anderen gefühls- und verstandesmäßig zu erreichen. Es geht darum, gewandter, lockerer und spontaner das Miteinander zu leben: Es macht einfach mehr Spaß!

Konkretes selbstbewusstseinsförderndes Verhaltens-Training
Nehmen Sie sich nun die zu "Langzeitziele" angefertigte Liste zur Hand. Beginnen Sie Ihre praktische Arbeit an dem Punkt, an dem es Ihnen am ehesten gelingen wird, Fortschritte zu machen. Gehen Sie erst zum nächsten Punkt Ihrer Liste über, wenn Sie sich bezüglich des letzten selbstsicher gefühlt haben. Vergessen Sie nicht, sich entsprechend zu belohnen.
Führen Sie sich zu Bewusstsein, dass in dem Masse, in welchem Sie Ihre Zielleiter emporsteigen, der für ein selbstbewusstes Verhalten benötigte Zeitraum grösser werden kann. Haben Sie deshalb Geduld mit Ihrem Erfolg! Das Selbst-Un-Bewusstsein hat auch genügend Zeit in Anspruch genommen, um sich zu entwickeln.
Zuweilen mag es geschehen, dass Sie auf eine untere Stufe Ihrer Zielleiter zurückgeworfen werden. Lassen Sie sich davon nicht entmutigen. Ursache dafür ist zumeist, dass Sie zu schnell zum nächsten Punkt vorgerückt sind. Bewähren Sie sich in dem Fall erneut auf der entsprechend unteren Stufe, bis Sie sich dort selbstsicher fühlen. Möglicherweise ist der Rückfall auch darauf zurückzuführen, dass der Sprung zwischen den zwei Stufen zu groß gewesen ist. Erfinden Sie dann ein Verhalten mit einem zwischen den beiden Punkten liegenden Schwierigkeitsgrad und überbrücken Sie auf diese Weise das Hindernis.

2. Vorschlag

Setzen Sie sich bequem in einen Sessel, schließen Sie Ihre Augen und denken Sie über sich nach. Welche guten Eigenschaften und Fähigkeiten besitzen Sie? In welchen Lebenssituationen waren Sie mit sich und Ihrem Verhalten zufrieden bzw. waren sogar stolz auf sich?
Schreiben Sie die Ergebnisse auf. Machen Sie sich bewusst, dass auch diese positiven Dinge zu Ihnen gehören. Freunden Sie sich mit dieser positiven Seite Ihrer Persönlichkeit an, bis Sie „ja" dazu sagen können. Treten Sie dann vor Ihr Spiegelbild und tragen Sie diesem möglichst lebendig und freundlich vor, welche tollen Eigenschaften und Fähigkeiten Sie besitzen und was Sie in Ihrem bisherigen Leben Tolles auf die Beine gestellt haben.
Diese Übung stärkt nicht nur Ihr Selbstbewusstsein; sie macht Sie auch unabhängiger von der Meinung anderer. Sie sind nicht mehr wie ein Segelschiff auf den Wind angewiesen. Es ist, als säßen Sie in einem Ruderboot und könnten aus eigener Kraft Ihr Fortkommen bestimmen. Unberechtigte Kritik anderer, die Sie naturgemäß nicht ebenso gut kennen können wie Sie sich kennen, vermag Sie nicht mehr zu verunsichern. Sie wissen einfach, dass die Kritik unberechtigt ist; deshalb können Sie darauf selbstbewusst und angemessen reagieren.

3. Allgemeines

Seien Sie bestrebt, im Einklang mit Ihrem Moralsystem zu leben. Gelingt Ihnen das, hat Ihr moralischer Zensor - Ihr Über-Ich - keine Veranlassung, Sie mit Schuldgefühlen zu strafen.
Schreiben Sie sich eine Reihe vergangener, schlechter Taten auf. Bekennen Sie sich dazu! Fassen Sie den Vorsatz, mit diesen Taten abzuschließen. Versuchen Sie, den Schaden so gut es eben geht wiedergutzumachen. Sprechen Sie mit den Menschen, denen Sie Böses angetan haben und bitten Sie diese Menschen um Verzeihung.
Wenn Sie im Einvernehmen mit Ihrem Moralsystem und mit Rücksicht auf Ihre Mitmenschen leben, schaffen Sie die notwendigen Bedingungen, sich selbst mehr zu mögen. Es ist schwer für andere, Sie zu mögen, wenn Sie sich nicht einmal selbst lieben. Gestehen Sie sich zu, dass Sie nicht perfekt sein müssen. Erlauben Sie sich Fehler und Misserfolge. Gelingt Ihnen hingegen etwas, vergessen Sie nicht, sich dafür zu loben. Dabei dürfen Sie ruhig ein bisschen übertreiben, wie z.B.: "Toll hab' ich das wieder gemacht! Ich bin einfach Spitze!"
Derjenige, der sich selbst mag, hat weniger innere Zwiegespräche zu führen und ist deshalb offener für andere. Seien Sie deshalb lieb zu sich selbst. Dadurch schaffen Sie Energien, um auch mit anderen liebevoll umgehen zu können.

Fragen Sie sich von Zeit zu Zeit, was Sie dazu beitragen können, dass es anderen besser geht. Unterschätzen Sie sich nicht! Dieser Weg bietet gute Möglichkeiten, dem Kreisen der Gedanken um das eigene Ego herum eine Pause zu gönnen.
Übernehmen Sie Verantwortung nicht nur für Ihr eigenes Verhalten. In Ihnen steckt ein großes Energiepotential, was Sie in eine Organisation, Gemeinde, Partei, einen Verein o.ä. investieren können - wofür Ihnen andere Menschen sehr dankbar sein werden!
Setzen Sie selbst die Ursache für das Gelingen eigener und fremder Ziele. Warten Sie nicht darauf, dass andere den ersten Schritt unternehmen.

4. Körperliche Betätigung
Mens sana in corpore sano ("In einem gesunden Körper wohnt ein gesunder Geist") sagt ein altes lateinisches Sprichwort. Körperliche Betätigung - z.B. Sport - bietet dem Geiste die Chance abzuschalten. Wo dieses nicht regelmäßig geschieht, besteht die Gefahr, dass Geist und Körper erkranken. Seien Sie bestrebt, Ihren Geist und Körper abwechselnd zu fordern und vergessen Sie nicht, beiden Ruhezeiten zu verordnen. Akzeptieren Sie deren Existenz mit Ihren Bedürfnissen, so werden sie auch einander und nicht zuletzt auch Sie akzeptieren.

4. Abschnitt: Verhaltens-Selbst-Therapie
1. Einführung
Klassisches und operantes Konditionieren stellen Grundprinzipien dar, die für das Verständnis und die Praxis der Verhaltens-Selbst-Therapie von entscheidender Bedeutung sind. Deshalb sollen diese Konditionierungsformen hier kurz vorgestellt werden.
Wem ist es noch nicht passiert, dass ihm schon bei der bloßen Vorstellung von einer Tafel Schokolade "das Wasser im Mund zusammengelaufen" ist? Nahrungsaufnahme ist regelmäßig mit einer Speichelabsonderung verbunden. Hierbei ruft ein natürlicher Reiz (Nahrung) automatisch eine bestimmte Reaktion (Speichel-absonderung) hervor. Geschieht es nun, dass unmittelbar vor der Nahrungsaufnahme ein bestimmtes Geräusch ertönt, so kann die häufig erlebte Kombination von Geräusch, nachfolgender Nahrungsaufnahme und Speichelbildung schließlich bedingen, dass schon alleine das Geräusch die Speicheldrüse anregt. Das Geräusch hat dabei die Rolle des so genannten bedingten Reizes, die Speichalabsonderung die der sogenannten bedingten Reaktion.
Den experimentellen Nachweis für derartige "gelernte Reaktionen", so genannte Konditionierungen, führte als erster der russische Physiologe

Pawlow. Er arbeitete mit Hunden und zunächst dem Glockenzeichen als bedingten Reiz.

In einem ersten Experiment ließ er jedes Mal vor oder während der Fütterung eine Glocke erklingen. Die nachfolgende Nahrungsaufnahme war selbstverständlich mit Speichelabsonderung verbunden. Das häufige Erleben der Verbindung: Glocken-zeichen - Fütterung - Speichelabsonderung führte nach einiger Zeit dazu, dass auf den Glockenton alleine die Speichelabsonderung eintrat, ohne dass die Hunde et-was zu fressen bekamen. In diesem Fall hatte der Ton als bedingter Reiz die Rolle des Futters als unbedingter Reiz übernommen. Der Hund hatte gelernt, auf den Glockenton auf bestimmte Weise zu reagieren. Diesen Prozess nennt man klassisches Konditionieren.

Ebenso, wie es möglich ist, die Speichelsekretion zu konditionieren, ist es auch möglich, vegetative sowie motorische Reflexe und nicht zuletzt auch Gefühlsreaktionen zu konditionieren.

Der amerikanische Psychologe Watson, Begründer der Lehre vom Verhalten, so genannter Behaviorismus, wies in seiner berühmten Studie mit dem kleinen Albert nach, dass Angst gelernt werden kann. In seinem Experiment ließ er den 11 Monate alten Albert mit einer weißen Ratte spielen, ohne dass Albert irgend-welche Zeichen von Angst vor diesem Tier zeigte. Watson fand heraus, dass Albert sich fürchtete, wenn hinter seinem Rücken ein Hammer und eine Eisenstange zusammenschlugen. Darauf ließ er jedes Mal diesen Laut ertönen, wenn Albert gerade das Tier berühren wollte. Er stellte schon nach einigen Wiederholungen dieser Art fest, dass bei Albert eine bedingte Angstreaktion in der Weise eingetreten war, dass Albert schon beim bloßen Anblick der Ratte schrie und weglief.

Später zeigte er die gleichen Reaktionen bei Kaninchen, Pelzmänteln, Hunden etc. Es war eine so genannte Reizgeneralisierung eingetreten, d.h. die Angst trat nicht nur auf den ursprünglichen Reiz hin auf, sondern auch auf ähnliche Reize hin.

Der amerikanische Lernforscher Skinner setzte für die so genannte operante Konditionierung seine Versuchstiere in einen verdunkelten, schallisolierten Kasten, dessen eine Wand mit einem Hebel ausgestattet war. Berührte nun das entsprechende Tier - anfangs rein zufällig - diese Taste, so erschien unterhalb der Taste ein mit Futter gefüllter Napf. Als das Tier diesen Mechanismus herausbekommen hatte, berührte es immer häufiger die Taste, um in den Genuss des Futters zu kommen. Die Darreichung von Futter hat hier ein bestimmtes Verhalten - die Betätigung des Hebels - verstärkt. Der Lernvorgang bei diesem sogenannten operanten Konditionieren unterscheidet sich von jenem beim klassischen Konditionieren dadurch, dass ersterer von einer

bestimmten Aktion des Tieres ins Leben gerufen wird. Hier folgt umgekehrt erst auf die Reaktion (Betätigung des Hebels) der Reiz (Futter).
Mary C. Jones führte 1924 gewissermaßen beim 3-jährigen Peter das fort, wozu Watson beim kleinen Albert nicht mehr gekommen war: Die Therapie der Furcht vor weißen Ratten und Pelzobjekten. Die Therapie sah so aus, dass Peter etwas zu Essen bekam, während Mary Jones ein Kaninchen in gesicherter Entfernung auf dem Arm hielt. Nach und nach näherte Sie sich mit dem Kaninchen dem Kind, bis Peter die ersten Anzeichen von Angst zeigte.
Dieser Prozess der Annäherung bestand aus mehreren Zwischenstufen, wobei die Annäherung auf jeder Stufe so lange wiederholt wurde, bis Peter auf der betreffenden Stufe keine Angst mehr zeigte. Schließlich war Peter in der Lage, das Kaninchen zu streicheln.
Die Angst vor dem Kaninchen war "verlernt"
und an seine Stelle trat sogar eine starke Zuneigung, zunächst gegenüber dem Kaninchen und - wie sich später zeigte - auch gegenüber anderen pelzartigen Objekten.
Also auch in umgekehrter Hinsicht war hier eine Generalisierung eingetreten, d.h. mit der Furcht vor einem Pelztier verschwand auch gleichzeitig diejenige vor anderen Dingen, die zu "Pelz" assoziiert wurden. Josef Wolpe formulierte 1961 in seinem Gesetz der "Reziproken Hemmung", dass eine Abschwächung der Angst durch einen Reiz herbeigeführt wird, der dem der Angst entgegengesetzt ist. Im Fall des Peter war es das Essen, das einen angsthemmenden Einfluss hatte. Neben dem Essen können Selbstbehauptungsreaktionen, sexuelle Reaktionen und schließlich Entspannung Angst reduzieren.
Wolpe hat den Faktor "Entspannung" zum Grundstein für seine Form der Verhalt-tens-Therapie genommen. Er fand, dass die physiologischen Vorgänge in Angstsituationen:
Schweißausbruch, Zittern, Herzklopfen, Erröten etc. denen in Entspannungssituationen entgegengesetzt sind. Danach stehen also Entspannung und Angst zu-einander wie Nord- und Südpol, Tag und Nacht, entweder oder.
Nach seiner Beobachtung begünstigt der Entspannungszustand Fähigkeit und Bereitschaft, sich stufenweise dem angstauslösenden Objekt zu nähern. Zuweilen ist jedoch die Angst so groß, dass eine Konfrontation mit den tatsächlichen Angst-objekten unmöglich erscheint. Wolpe machte die Entdeckung, dass u.a. in diesen Fällen schon die bloße Vorstellung von Angstsituationen ein wirksamer Ersatz für das tatsächlich angstauslösende Objekt sein kann.
Bei diesem Vorgehen von Wolpe arbeitet sich der Patient aus der Entspannung heraus in der Phantasie von weniger starken Angstsituationen allmählich zu solchen Situationen vor, die in ihm ursprünglich am

meisten Angst erzeugt haben. Hier wird die nächste Stufe jedoch immer erst dann genommen, wenn der Patient die letzte Stufe völlig angstfrei erlebt hat.

Die folgende Übung basiert auf der Erkenntnis Wolpes, dass Angst und Entspannung nicht nebeneinander bestehen können. Der jeweils stärkere Gemütszustand verdrängt den anderen. Gelingt es der Entspannung, sich gegenüber der Angstreaktion durchzusetzen, wird die konditionierte Angstreaktion schwächer. Die ständige Wiederholung dieses Prozesses - des Obsiegens der Entspannungsreaktion - führt zur allmählichen Löschung der Angstreaktion. Durch dieses Verfahren der Gegenkonditionierung tritt dann also in derselben Situation, in der sich zuvor stets eine Angstreaktion eingestellt hat, plötzlich nur noch Entspannung ein. Diese Entspannungsreaktion auf einen bestimmten Reiz, eine bestimmte Situation hin, erfolgt dann genauso selbstverständlich und unterbewusst-automatisch, wie zuvor Angstmerkmale aufgetreten sind.

2. Ermittlung einer Tabelle verschiedenwertiger Angstreize
Für das weitere Vorgehen ist es erforderlich, dass Sie sich eine Tabelle mit verschiedenwertigen Angstsituationen anfertigen. So kann Ihre Tabelle z.B. aus zwölf Stufen bestehen und wie folgt aussehen:

Stufe 1:
Sie sind alleine im Bäckerladen und bestellen zwei Brötchen, zahlen und gehen.

Stufe 2:
Sie treffen plötzlich in einem Kaufhaus einen Freund (des gleichen Geschlechts), sagen "Hallo" und gehen weiter.

Stufe 3:
Sie treffen plötzlich in einem Kaufhaus einen Freund
(des anderen Geschlechts), sagen "Hallo" und gehen weiter.

Stufe 4:
Sie befragen auf der Straße eine Oma nach dem Weg.

Stufe 5:
Sie befragen in einem Kaufhaus einen Verkäufer, ob Sie eine gestern, zu eng gekaufte Hose umtauschen könnten.

Stufe 6:
Sie machen im Supermarkt Ihren Vordermann, der sich vorgedrängelt hat, in höflicher Form darauf aufmerksam, dass die Schlange viel weiter hinten zu Ende ist.

Stufe 7:
Sie sitzen mit einem Freund in einem Café. In einem Augenblick der "Funkstille" schauen Sie dennoch nicht weg, sondern Ihrem Freund ganz natürlich, gelöst und freundlich in die Augen.

Stufe 8:
Sie sitzen mit mehreren in einem hellerleuchteten Café und plaudern, wobei Sie zwei Teilnehmer nicht kennen.

Stufe 9:
Sie nehmen an einer Diskussion größeren Umfangs teil und beteiligen sich aktiv.

Stufe 10:
Sie werden in der gleichen Diskussionsrunde von anderen heftig kritisiert.

Stufe 11:
Sie halten vor hundert Leuten eine Rede.

Stufe 12:
Sie machen einem Menschen, den Sie bisher heimlich geliebt haben, auf einem Spaziergang eine Liebeserklärung.
Ebenso wie beim stufenweisen Herantasten an verschiedene Angstsituationen können Sie auch eine konkrete Situation in verschiedene Stufen aufteilen und sich Schritt für Schritt mit der Endstufe anfreunden, um so die Angstreaktion gegen eine Entspannungsreaktion einzutauschen.
Fürchten Sie z.B. ein Einstellungsgespräch oder sonst eine wichtige Begegnung, so könnten Ihre Stufen folgendermaßen aussehen:
1. Frühstück bei Ihnen zuhause.
2. Der Weg zur Firma, wobei Sie nicht an das noch in der Zukunft liegende Gespräch denken, sondern einfach nur entspannt wahrnehmen, was **jetzt** geschieht.
3. Eintreffen in Ihrer Firma, wobei Sie jeden, der Ihnen begegnet, freundlich grüßen.

4. Sie stehen vor der Tür des Chefs, klopfen an und bemerken erst jetzt die Freude, die es Ihnen bereitet, Ihr Anliegen gleich und endlich vorbringen zu können.
5. Sie grüßen den Chef freundlich.
6. Sie sitzen ihm gegenüber und plaudern ganz entspannt und selbstverständlich mit ihm, wobei Sie ständig Augenkontakt halten.

In gleicher Weise können Sie auch mit der Höhen-, der Flugangst, der Angst vor engen Räumen, großen Plätzen, Ratten, Spinnen etc. verfahren. Teilen Sie Ihre Angstsituation einfach in verschiedene Stufen auf und gehen Sie schrittweise vor. Lernen Sie die verschiedenen Stufensituationen auswendig. Begeben Sie sich dann in Entspannung und erleben Sie - entspannt - nach und nach die Stufensituationen in Ihrer Phantasie.

3. Entspannung

Nach dem Grundsatz aus Jacobson's Relaxationstherapie "Über Anspannung zur Entspannung" gehen wir wie folgt vor:
Wir setzen uns in die Hocke und spannen alle verfügbaren Muskeln an, während wir laut pustend ausatmen. Danach richten wir uns wieder auf und atmen ein, während wir die Arme ausbreiten und so weiter. Davon machen wir möglichst viele Wiederholungen.
Sollte diese Übung für Sie aus körperlichen Gründen nicht in Frage kommen, so denken Sie sich selbst eine Übung aus, bei der Sie Ihre Muskeln anspannen und wieder entspannen können. Wichtig ist dabei, dass Sie während der Muskelanspannung möglichst viel heraus- und beim Entspannungsvorgang möglichst viel einatmen und dass Sie einen gewissen Grad der Erschöpfung erreichen.
Legen Sie sich dann lang auf den Rücken und spüren Sie in sich hinein. Tauchen Sie gewissermaßen mit einem sehenden und einem fühlenden Auge in jedes Körperteil hinein. Nehmen Sie die Vibrationen wahr, die Wärme, den Blutstrom, die Schwere, das angenehme Gefühl, das die einzelnen Körperteile erfreut. Atmen Sie dabei tief ein und aus.
Stellen Sie sich eine entspannende Situation vor. Beschreiben Sie sich - indem Sie es sich halblaut vorsprechen - das Bild, das Sie vor Ihrem geistigen Auge sehen; erwähnen Sie auch etwa auftauchende Geräusche, Düfte etc.
Wichtig bei dieser Phantasievorstellung ist, dass Sie in Ihrer Vorstellung nicht sich selbst von einem anderen Punkt aus betrachten, sondern die Situation real aus Ihren eigenen Augen heraus wahrnehmen - als erlebten Sie sie wirklich.
Sie können sich z.B. folgendes vorsprechen: "Ich liege in einem Boot auf einem einsamen, wunderbaren See mit einem traumhaften Ufer. Die Sonne wärmt meinen Körper und ich spüre, wie mich die Son-

nenstrahlen liebkosen. Es geht ein sanfter Wind, der angenehm erfrischend meinen Körper umspielt: Die Hände, Arme, Kopf, Bauch etc. Kleine Wellen plätschern ganz leicht gegen das Holzboot, in dem ich liege und alles total genüsslich wahrnehme. Die Wellen schaukeln mich in meinem Boot. (Sie dürfen ruhig im Liegen oder Sitzen tatsächlich mit schaukeln; das erhöht den Wirklichkeitswert und verstärkt Ihr Vorstellungsbild). Ich fühle mich unheimlich wohl hier und geborgen".
Wenn Sie einen Zustand der Entspannung erzielt haben, gehen Sie zum vierten Schritt über.

4. Begegnung mit angstauslösenden Situationen
Sprechen Sie sich nun halblaut die betreffende Angstsituation Ihrer jeweiligen Stufe 1 vor. Beschreiben Sie sich alles, was Sie über Ihre Sinne wahrnehmen, also z.B:
"Ich betrete den Bäckerladen. Mmmh, das duftet aber toll hier. Und wie lecker die Kuchen aussehen. Ich fühle mich sauwohl. Ja, ich bin gern unter Menschen. „Guten Morgen!" sage ich zur Verkäuferin. Die Verkäuferin sagt: "Hallo, Herr/Frau (Ihren Namen)". "Ich hätte gerne zwei schöne Mohnbrötchen", sage ich und so weiter.
Wenn Sie in dieser Phantasie-Situation Anzeichen von Angst bemerken, so beschreiben Sie sich dieses ebenso halblaut und verbleiben in Ihrer Phantasie beim vorgestellten Bild. Das ist ganz wichtig! Bleiben Sie in Ihrer Phantasie in Ihrer vorgestellten Angstsituation, bis z.B. das Schwitzen, Zittern, Erröten o.ä. abgeklungen sind und Sie sich mit dem Schwitzen o.ä. ein wenig angefreundet haben.
Verlassen Sie dann - im Beispiel des Bäckerladens - ganz selbstverständlich das Geschäft; verabschieden Sie sich zuvor von der Verkäuferin und kehren Sie in Ihrer Vorstellung wieder zu der Entspannungssituation zurück. Beschreiben Sie sich erneut halblaut, was Sie in Ihrer Einstellung sehen, hören, fühlen, riechen etc. und fühlen Sie sich darin wohl. Wenn Sie einen angenehmen Entspannungsgrad erreicht haben, gehen Sie in Ihrer Vorstellung zurück zur Angstsituation der Stufe 1 und verfahren wie oben beschrieben. Wiederholen Sie dieses Wechselspiel solange, bis die Situation der Stufe 1 in Ihnen keine Angst mehr auslöst. Schreiten Sie erst dann zur Stufe 2 und so weiter, wenn Sie die vorhergehende Situation angstfrei erlebt haben. Schalten Sie jeder neuen Situation ein Entspannungserleben vor.
Stellen sich auf einer Stufe ganz besonders starke Angstreaktionen ein, die auch nach ca. 30 Sekunden noch spürbar vorhanden sind, so spricht das dafür, dass Sie die Situation der rangtieferen Stufe noch nicht angstfrei in Ihrer Phantasie durchlebt haben; Sie müssen dann zu dieser Stufe zurückkehren. Es könnte jedoch auch bedeuten, dass der Sprung

von der rangtieferen Stufe zu der gegenwärtigen zu hoch war; in diesem Fall müssen Sie auf Ihrer Stufenleiter eine Zwischenstufe einrichten und in Ihrer Phantasie wieder zu der Stufe zurückkehren, die dann unterhalb der Zwischenstufe liegt.
Gehen Sie nicht zu schnell vor. Die Übung sollte in etwa eine halbe Stunde in An-spruch nehmen; achten Sie darauf, dass Sie Ihr Training stets mit einem guten, zuversichtlichen Gefühl beendigen.
Führen Sie sich zum Schluss der Übung zu Bewusstsein, dass Sie für sich etwas Gutes getan haben, Sie vorangekommen sind und freuen Sie sich darüber. Machen Sie sich klar, dass Sie mit jeder Übung immer ein wenig angstfreier werden und es Ihnen deshalb mit jedem neuen Tag immer besser und besser geht.
Beginnen Sie am nächsten Trainingstag wieder auf Stufe 1 und klettern Sie die Leiter - allerdings nun schneller - hoch, bis hin zu der Stufe, die Sie noch nicht durchlebt haben. Halten Sie sich auf dieser für Sie noch neuen Stufe länger auf - und zwar solange, bis Sie auch diese Situation mindestens drei Male angstfrei durch phantasiert haben und klettern Sie erst dann zur nächsten Stufe.
Sie werden sehen, dass Sie in dem Masse, in dem Sie in Ihrer Phantasie die Stufenleiter angstfrei erklimmen, tatsächlich auch in der Realität Angstsituationen (die Sie ja nun zu Entspannungsituaitonen gegenkonditioniert haben) ohne Angstreaktionen konfrontieren können. Probieren Sie es aus! Begeben Sie sich aus der Entspannung sowie aus zuversichtlicher Grundhaltung heraus stufenweise in die zuvor vorgestellten Situationen. Es funktioniert!

5. Abschnitt: Gedanken-Stopp
Der Gedanken-Stopp kann angewendet werden, um störende, entmutigende Gedanken kurzfristig abzuschalten. Der Gedanke ist dabei möglichst frühzeitig an-zugehen, bevor er die Chance erhält, mehr und mehr Gestalt anzunehmen und Kontrolle über Sie auszuüben. Es wird angenommen, dass die aktionshemmende, entmutigende Gewohnheit durch individuelle Verstärkung aufrechterhalten wird. Daher kommt es entscheidend darauf an, den Prozess zu unterbrechen, bevor der Verstärker zum Einsatz kommt und die Zukunft der entmutigenden Gedanken gewährleistet.
Das Erlernen dieser Technik erfolgt in zwei Schritten:
1. Schritt:
Setzen Sie sich bequem in einen Sessel. Schließen Sie Ihre Augen. Rufen Sie sich eine bestimmte Situation oder einen Gedanken ins Bewusstsein, von dem Sie wissen, dass er einen Prozess der Entstehung eines Gedankengeflechts bewirkt, das in Ihnen Angst auslöst. Sobald

Sie bemerken, dass der Gedanke eine gewisse Macht entfaltet hat, sagen Sie laut:
"Stopp!"
und schlagen mit der Faust auf die Armlehne.
Denken Sie dann das Wort: "Ruhig!" Atmen Sie tief ein und aus und tauchen Sie mit Ihrer Aufmerksamkeit für etwa 10 Sekunden in Ihren Bauch zum Atem hin. Stellen Sie sich vor, wie der Ein-Atem in Ihren Bauch hineinströmt und der Aus-Atem die Luft aus dem Bauch wieder herausführt.
Nachdem Sie den Gedanken-Stopp drei Male hintereinander erfolgreich praktiziert haben, gehen Sie zum nächsten Schritt über.
2. Schritt:
Verfahren Sie genau wie unter dem 1. Schritt beschrieben. Rufen Sie jedoch an entsprechender Stelle das "Stopp!" nicht laut aus sich heraus, sondern denken Sie es; stellen Sie sich aber dabei vor, dass Sie es laut ausrufen.
Das Ziel des Gedanken-Stopps ist es, den entmutigenden Gedanken und ihren 72
Verstärkern den Boden zu entziehen, so dass sie immer weniger auftreten. Wenden Sie diese Technik im täglichen Leben mit den gebotenen Konsequenzen an und versagen Sie den entmutigenden Gedanken die Erlaubnis, sich in Ihnen fest zu setzen.

6. Abschnitt: Paradoxe Intention

Hinter dieser von Frankl entwickelten Technik steht das Ziel, durch Veränderung gedanklicher Prozesse Wirkungen auf der Emotions- und Verhaltensebene herbeizuführen. Es gilt zunächst, durch gezielte Übungen eine Änderung der Geisteshaltung zu erreichen. Dieser Prozess beeinflusst mit zunehmender Praxis mehr das Unbewusste als Triebfeder u.a. irrationaler Angstreaktionen und bewirkt dort ebenfalls Veränderungen. Wenn Sie mit der paradoxen Intention arbeiten wollen, gehen Sie wie folgt vor:
1. Erkennen Sie die Irrationalität sozialer Angst. Die der Verhaltenstherapie zu-grunde liegende Lerntheorie betrachtet neurotische Symptome als gelernte Gewohnheiten, die selbstverständlich auch wieder "verlernt" werden können.
2. Stellen Sie sich vor Ihren Spiegel und versuchen Sie zu stottern, zu schwitzen, zu zittern, zu erröten, etc. Halten sie sodann Ihrem Spiegelbild sowie einer fiktiven Zuhörerschaft eine fröhliche, lebendige Rede über die Vorzüge Ihrer körperlichen Reaktionen, z.B. so:
"Ich zähle zu den Pflichtbewusstesten unter uns! Wir Ihr wisst, hat jeder Mensch die Pflicht, mindestens einmal am Tag zu stottern (zittern, schwitzen, erröten, etc). Ich bin einer der Fleißigsten dabei! Und das

Tolle dabei ist: Ich kann mich ganz dem Zusammensein mit anderen hingeben und es wunderbar genießen - ohne dabei fürchten zu müssen, meine Stotterpflicht (o.ä.) einmal nicht zu erfüllen. Ja, ich stottere wie ein Tra-tra-Trabbbbbi im Winter, ohne dass ich dafür auch nur den kleinsten Finger krumm zu biegen hätte. Ihr müsst mich einmal sehen, wenn ich so richtig in Fahrt bin: Dann wackeln die Wände! Wenn es soweit ist, fange ich ganz automatisch an zu stottern, dass es eine wahre Freude ist! Das müsst Ihr unbedingt einmal sehen! Wenn ich einen guten Tag habe, also so richtig in Form bin, macht mir so leicht keiner etwas vor. Ich verstehe mein Handwerk! Mein Nervensystem gleicht einem Chaos! Es ist ein Geflecht von zahllosen Fehlschaltungen. Deshalb entgleisen meine Gesichtszüge wie eine Eins! Ja, da staunt ihr, was? Ich nehme mir jeden Tag vor, den Rekord vom Vortag im Hinblick auf die Entgleisungen noch zu überbieten - nehme mir vor, die Gesichts-Zug-Glücke auch in qualitativer Hinsicht noch zu verbessern. Ja, ich gebe zu, ich bin ein Rekordjäger! Und ich habe Erfolg!
Ja, meine Mitmenschen um mich herum wissen mein chaotisches Verhalten zu schätzen!"
Oder so:
"Wisst Ihr, ich finde das unheimlich toll, wenn ich Schweißlachen vor mir hertreibe, (erröte, stottere, zittere etc.). Ja, ich bin meinem inneren Kern in solchen Momenten so richtig nah; der wärmende Blutstrom ist sehr angenehm und hat so etwas Anheimelndes, Romantisches - ja so etwas von Kaminstimmung. Ich bin ein wenig stolz auf meine Fähigkeit, erröten (stottern, schwitzen, zittern, etc.) zu können. Ich muss gestehen, wenn ich in der Gesellschaft jemanden erröten (stottern, wie ein Schwein schwitzen, zittern etc.) sehe, bekomme ich einen wahren Konkurrenztrieb und kurze Zeit später ertappe ich mich dabei, wie ich versuche, allen zu beweisen, dass ich besser bin, dass ich viel intensiver erröten (stottern, schwitzen, zittern etc.) kann. Ja, ich bin so richtig stolz auf meine Macken!"
Erfinden Sie selbst lustige Reden vorm Spiegel.
3. Trainieren Sie sich in Situations-Selbstgesprächen, die die Angstreaktion will. Dieses Vorgehen ist mit Vermeidungsverhalten unvereinbar. Sie denken also z.B. die Worte:
"Ich werde jetzt in diesen Raum gehen und ich will sofort nach dem Eintreten erst einmal ordentlich wie Teufel schwitzen (erröten, stottern, zittern etc.). Und ich werde dabei so schwitzen, dass ich ständig im eigenen Schweiß ausrutsche und auf den Arsch falle."
Üben Sie sich zu Hause und unterwegs im Verbalisieren. Kommen Sie z.B. auf dem Weg zur Arbeit an einem Baum vorbei, so könnten Sie denken:

"Beim Anblick eines dermaßen unschuldigen, grünen Baumes muss man ja einfach unheimlich rot werden (oder zittern etc.)."
Gegenstände eignen sich besonders gut als "Trainingspartner", weil es an sich "paradox" ist, vor ihnen Angstreaktionen zu zeigen. Absurdes verursacht leicht Heiterkeit. Freuen Sie sich über die Absurdität, über Ihre Fähigkeit, Angstreaktionen so unangemessen vortragen zu können! Freuen Sie sich über sich selbst und seien Sie stolz auf Ihre Macken! Bei dieser Geisteshaltung - und das ist paradox - sind Sie diese bald los!
4. Erfinden Sie einen angemessenen Spruch, wenn Sie vor anderen ängstlich werden und die anderen es merken, z.B.:
"Das ist mir jetzt aber schrecklich peinlich!", oder:
"Diese forschen Worte von Ihnen lassen mich doch glatt vor Schreck erstottern (treiben mir doch glatt die Schreckensröte ins Gesicht, etc.)."
Malen Sie ein sympathisches Bild von sich mit Ihren "Schwächen".
Haben Sie Angst vorm Zittern, so malen Sie z.B. ein Bild, auf dem Sie gerade in Gesellschaft am Kaffeetisch vor lauter Zitterei eine Tasse fallen lassen und alle Beteiligten lachen - am lautesten Sie selbst. Haben Sie Angst vorm Schwitzen, so malen Sie sich aus, wie Sie eine Schweißlache hinter sich herziehen und alle Beteiligten darauf ausrutschen und lachen - am lautesten Sie selbst, etc.
Hängen Sie dieses Bild an einen besonderen Platz in Ihrem Zimmer, so dass es von jedem Besucher wahrgenommen werden kann. Sprechen Sie ruhig über Ihr Werk und Ihre Absichten, die Sie mit diesem Werk verbinden. Erfreuen Sie sich an dem Bild! Finden Sie sich einfach sympathisch!
Vorstehende Übungen, in denen humorvolles, ironisches Umgehen mit der Angst gelernt werden soll, bewirken eine Veränderung des Stellenwertes der Angst und damit des kognitiven Prozesses, der zur Angst führt. Gefürchtetes Verhalten wird plötzlich zum begehrenswerten Verhalten. Dieses Vorgehen beeinflusst Ihr Erregungsniveau in der Weise, dass Sie statt angespannt-ängstlich nun locker und mit einer Art Todesverachtung in die Situation hineingehen.
Jeder Versuch, bewusst die Angstreaktion zu wollen, bedeutet einen Eingriff in die unterbewusst gesteuerte Reaktion der Angst und bewirkt eine Abschwächung der-selben! Umgekehrt führt der angestrengte Versuch, die Angstreaktion nicht zu wollen, zu einer Verstärkung der Angst. Angstreaktionen, die Sie verhindern wollen, treten also noch stärker auf, als sie normalerweise auftreten würden; solche Angstreaktionen jedoch, die Sie unbedingt wollen, bleiben aus. Es ist wie verhext, ja geradezu: "paradox"!

7. Abschnitt: Selbst-Hypnose

Ziel der Selbst-Hypnose wie auch der anderen Therapieformen ist es, das Saatgut "Anlagen-Potential" zur Blüte zu bringen, d.h. individuell mögliche Fähigkeiten im täglichen Leben zu verwirklichen - unter größtmöglicher Ausschaltung von aktionshemmenden, verinnerlichten Suggestionen wie: "Du kannst das nicht!", "Du hast ja Angst" etc.
Hypnose wirkt grundsätzlich durch Suggestionen sowie durch eine gewisse Ausschaltung des Kritikbewusstseins. Die Ausschaltung des Kritikbewusstseins kann durch eine tiefe Entspannung erreicht werden. Der Selbst-Hypnotiseur kann sich autogen in diesen Zustand hineinversetzen, indem er in ausgeruhter Verfassung und am besten in liegender Position bei geschlossenen Augen an seine Nasenwurzel (Punkt zwischen den Augenbrauen) denkt. Dadurch erwirkt er automatisch ein Konvergieren seiner Pupillen zur Nasenwurzel hin. Diese für alle Versenkungs-und Hypnoseverfahren typische Konvergenz fördert die für die Hypnose erforderliche Suggestibilität.
Die gegebenen Suggestionen entfalten ihre größten Wirkungen im Bereich des Unbewussten. Dorthin gelangen sie direkt unter Übergehung des partiell ausgeschalteten, grundsätzlich kritischen Bewusstseins. Die Suggestionen stimulieren die Bildung suggestionsgemäßer Vorstellungen. Ist die Vorstellung erst einmal präsent, werden Impulse aus dem Unbewussten ins Bewusstsein gesendet, die die Verwirklichung der entsprechenden Vorstellungen sichern.
Suggestionen müssen wiederholt gegeben werden, um dauerhaft auf der Verhaltensebene wirken zu können; sie sind - um eine Allegorie zu verwenden- wie ein Same auszusäen, damit aus diesem heraus die entsprechende Frucht heranreifen kann. Dabei gilt es mehrere Samen auszusäen, da viele von Vögeln gefressen werden. Die oftmalige Wiederholung der Suggestionen also führt nach und nach zur Implantation derselben und damit zu einem stabilen Datum im Unbewussten. Gerät das Individuum dann in eine Situation, in der die Suggestion wirken soll, assoziiert das Unbewusste automatisch die jeweilige Suggestion zu dieser Situation, so dass Abbilder des stabilen Datums ein entsprechendes Vertrauen im Bewussten setzen und damit Bedingungen für eine suggestionsadäquate Handhabung der jeweiligen Situation schaffen. Der Same für dieses bestimmte Verhalten war ja schon ausgesät. Aus diesem hat sich eine bestimmte Verhaltenswurzel entwickelt, die es sehr wahrscheinlich macht, dass aus dieser heraus künftig immer dieselbe Verhaltensblüte sprießen wird.
Entscheidend für den Erfolg der Selbst-Hypnose ist ferner die Überzeugung von der Tatsache, dass sie nützt. Diese Überzeugung alleine

setzt schon einen inneren Prozess in Richtung Besserung in Gang. Dieser Prozess ist dem Phänomen vergleichbar, das bei dem Besuch von Ärzten und der Einnahme von Medikamenten auftritt: Nach Studien von Pharmakonzernen hängt die Wirksamkeit eines Medikaments zu etwa 1/3 vom Vertrauen des Patienten in die Wirkung des betreffenden Medikaments ab.

Daneben bedient sich die Selbst-Hypnose der so genannten Visualisierungstechnik. Dabei stellt sich der Betreffende aus der Entspannung heraus ein möglichst lebendiges Bild von dem Individuum vor, das er sein möchte und in Ansehung seiner individuellen - wenn auch "verschütteten" - Anlage durchaus sein kann.

Der Weg zum Erfolg führt über die ständige Wiederholung der lebhaften Vor-stellung vom idealisierten Individuum sowie den unbedingten Wunsch, das vorgestellte Ziel zu erreichen. Die lebhaften Vorstellungsbilder setzen sich nach einigen Wiederholungen im Unterbewusstsein - der Schaltzentrale unseres Handelns - fest und bewirken nach und nach eine dem vorgestellten Individuum entsprechende - sich zunehmend stabilisierende Verhaltensänderung.

Sie können dabei wie folgt vorgehen:

1. Stufe:
Begeben Sie sich in eine entspannende Position. Schließen Sie Ihre Augen. Stellen Sie sich eine Situation unter Menschen vor, so wie Sie sie gern erleben möchten. Sie könnten sich z.B. eine Situation vorstellen, in der Sie auf einer Party im Mittelpunkt des Geschehens stehen und Sie die Leute durch Ihre angenehme und lustige Art zu plaudern in gute Stimmung versetzen. Bleiben Sie bei Ihrer Vorstellung, bis Sie alle Fähigkeiten und Charaktereigenschaften Ihres vorgestellten Ideals innerlich aufgezeichnet haben.

Schreiben Sie sie auf einen Zettel und versuchen Sie anschließend, die vorgestellte Situation mit Farbstiften zu malen. Schreiben Sie unter jede beteiligte Person ihren Namen. Nehmen Sie sich Zeit, sich über Ihr Werk zu freuen.

2. Stufe:
Bringen Sie sich darauf wieder in eine entspannende Position. Am besten legen Sie sich hin. Schalten Sie Ihr Diktiergerät ein und hören Sie eine Aufnahme, die Sie zuvor z.B. wie folgt - langsam und ruhig sprechend - bespielt haben:

"Ich entspanne mich jetzt mehr und mehr und schaffe dadurch selbst ideale Bedingungen für Selbst-Hypnose. Ich habe reiflich über die Werte nachgedacht, die ich in meinem Leben verwirklichen will und ich werde sie verwirklichen. Ich werde mir gleich Suggestionen geben, die direkt zum Unterbewusstsein - zur Schaltzentrale meines Verhaltens vorstoßen, von wo aus sie sich positiv verändernd auf mein Verhalten auswirken werden."

3. Stufe:
Lassen Sie Ihre Aufnahme hiernach unbesprochen zwei Minuten weiter laufen. Innerhalb dieser zwei Minuten sehen Sie auf einen Punkt an der Zimmerdecke, der hinter Ihnen liegt. Betrachten Sie ihn, bis Ihre Augen ermüden. Atmen Sie lang-sam und tief ein und aus, wobei Sie beim Einatmen "Schlaf" denken und beim Ausatmen "tiefer Schlaf" leise sprechen. Wiederholen Sie dieses, bis Sie tatsächlich Ihre Augen nicht mehr offenhalten können.

Nach etwa zwei Minuten sollten Sie Ihre Stimme wieder auf dem Medium hören, das Sie zuvor mit folgenden Suggestionen besprochen haben:

"Ich werde gleich bis drei zählen und wenn ich bis drei gezählt habe, werde ich tiefer und tiefer in Selbst-Hypnose fallen. Ich werde mich bei der Zahl drei mehr und mehr entspannen und die Suggestionen, die ich mir gleich gebe, werden ganz leicht mein Unterbewusstsein erreichen. Ja, ich werde jetzt mit jedem Augenblick immer gelöster und entspannter. Ich zähle jetzt bis drei - und wenn ich bis drei gezählt habe, werde ich mich in einem angenehmen hypnotischen Zustand befinden.

1 - 2 - 3. Ich bin jetzt im tief entspannten Zustand der Selbst-Hypnose und ich werde mir jetzt Suggestionen geben, die ganz leicht mein Unterbewusstsein erreichen. Ich werde mir alles, was ich gleich sage, ganz lebhaft vorstellen. Ich habe vollkommene Kontrolle über mich und kann aufwachen und die Augen wieder öffnen, wie es mir beliebt."

4. Stufe:
In der vierten Stufe geben Sie sich die gewünschten Suggestionen. Versuchen Sie, ein möglichst vielfältiges, farbenfrohes Vorstellungsbild aus den Suggestionen her-aus zu formen. Versuchen Sie, sich über alle Ihre Sinneswahrnehmungen mit der vorgestellten Lebenssituation zu konfrontieren. So können Sie sich z.B. folgendes suggerieren, nachdem Sie es zuvor wie folgt auf Ihr Speicher-Medium gesprochen haben:

"Ich sitze in einem Café. Vor mir steht eine Tasse Kaffee. Mmmmh, wie der Kaffee duftet! (Versuchen Sie, den Duft wahrzunehmen). Ich beobachte die Menschen um mich herum (Wie sehen sie aus? Welche Eigenarten haben Sie?). Einige unterhalten sich, andere sitzen - wie ich - alleine am Tisch und schauen umher. Ich spüre, wie gut mir der Kaffee tut, wie angenm es ist, einfach nur zu schmecken, zu riechen, zu beobachten, zu hören, zu spüren, ohne auch nur einen Gedanken zu denken. Ja, ich fühle mich unter Menschen richtig wohl! Ich bin ein Gemeinschaftsmensch! Am Nachbartisch sitzt eine Frau (/ein Mann), die (der) schon die ganze Zeit zu mir herübersieht. Unsere Blicke treffen sich jetzt. Es ist angenehm, sie (ihn) anzusehen. Ein Lächeln erfreut unser Gemüt. Ich fühle mich sauwohl!!! Es kribbelt auf der Haut. Mein Herz schlägt schneller. Ich bin wohl ein bisschen aufgeregt. Das ist allerdings normal in solch einer Situation! Ich mache mir darüber keine weiteren Gedanken. Ich nehme weiter wahr, was ich sehe, höre, rieche, schmecke, fühle, ohne dabei zu denken. Ja! Ich entwickele mich mehr und mehr zum wahren Meister der Wahrnehmung, der sich von keinem Gedanken aus der Ruhe bringen lässt. Ich kann mich in jeder lebenswerten Situation wohl fühlen und den Kontakt mit anderen Menschen genießen. Ich erhebe jetzt langsam meine Tasse, schaue die Dame (den Herrn) dabei weiterhin an und proste ihr (ihm) wortlos lächelnd zu. Jetzt erhebt sie ihre Tasse und prostet mir ebenfalls wortlos lächelnd zu. Oh - wie schön das ist! Ich habe jetzt ein Gefühl, als wenn die Frau ganz zart mein Herz gestreichelt hätte. Ja, ich fühle mich zu ihr hingezogen! Ich stehe also auf, nehme meine Tasse Kaffee und setze mich ganz selbstverständlich zu der Dame an den Tisch. Wir plaudern ganz natürlich und ungezwungen miteinander. Ist das toll! Ich habe überhaupt gar keine Angst mehr, auf andere zuzugehen und mit ihnen ganz natürlich Kontakt aufzunehmen. Ja, ich bin ein Gesellschaftsmensch, der es genießt, unter Menschen zu sein!

Sie können diese Situation beliebig weiter ausfantasieren und auf Band sprechen. Beenden Sie Ihre Selbst-Hypnose wie folgt:
„Ja, ich fühle mich mit jedem Tag zunehmend wohler unter Menschen. Diese Überzeugung sinkt jetzt tief auf den Grund meines Unterbewusstseins und ich werde täglich immer freier und freier – ich werde immer unabhängiger von der Meinung anderer über mich. Ja – ich bin ein Gesellschaftsmensch und ich suche immer mehr den Kontakt zu anderen Menschen. Ja – ich genieße täglich mehr und mehr die Nähe zu anderen Menschen. Ich werde gleich bis 3 zählen und bei der Zahl 3 werde ich wunderbar erfrischt die Augen öffnen. 1 – 2 – 3".

Schreiben Sie für die 4. Stufe Ihr eigenes Drehbuch für verschiedene Situationen. Besprechen Sie ein Band, wobei jeweils die ersten 3 Stufen unverändert bleiben und lediglich die 4. Stufe ausgetauscht wird. Sie werden sehen: Es funktioniert! Schon nach einigen Sitzungen werden Sie nicht nur in der Fantasie, sondern auch in der entsprechenden Lebenssituation des täglichen Lebens deutlich lockerer und befreiter auftreten!

Wenn Sie nicht so viel Zeit haben, können Sie die Selbst-Hypnose auch im „Schnellverfahren" wie folgt betreiben:

Stellen Sie sich für etwa 5 Sekunden eine Situation vor, die Ihnen Angst macht. Verlassen Sie anschließend dieses Bild und fantasieren Sie sich eine angenehme Situation aus(z.B.: Eis essen, geherzt werden oder dergleichen). Projizieren Sie diese zwei verschiedenen Bilder im Wechsel auf Ihren geistigen Bildschirm und denken (oder sprechen) Sie die Worte:
„Ja! Ich werde täglich immer selbstsicherer und selbstbewusster!"

8. Abschnitt: Gefühle ausdrücken

Es ist sehr wichtig, dass wir unsere Gefühle immer dann, wenn sie entstehen, der-gestalt ausdrücken, dass Gefühlsenergie und Gefühlsausdruck einander entsprechen und sich vertragen.

Mit jedem Gefühl wird - physikalisch gesehen - gleichzeitig in unserem Hirn eine Spannung erzeugt, die wir zum entsprechenden Gefühlsausdruck benötigen. Drücken wir nun unsere Gefühle aus - durch Gesten, Worte, unsere Mimik - so ist damit die Energie verbraucht.

Halten wir dagegen unsere Emotionen zurück, so bleibt die Spannung bestehen, bis es irgendwann und denknotwendigerweise zu "Zwangsentladungen" kommt. Dieses Ergebnis erzielen wir übrigens auch, wenn wir nach außen eine Emotion ausdrücken - z.B. Heiterkeit - die mit unserem inneren Energiepotential - z.B. Angstenergie - nicht identisch ist. Derartige Zwangsentladungen treten auf in Form von Verlegenheit, Schweißausbrüchen, Zittern, Gedankenkreisen - bei denen derselbe verlegenheitsfördernde Satz uns so geschickt umspielt, dass wir uns von seinen Fesseln nur schwer befreien können. Diese "Zwangsentladungen" gehen auf eine Instanz im Gehirn zurück, die jedes Mal bei Überschreiten der spannungsmäßigen Zumutbarkeitsgrenze in Aktion tritt und verhindern will, dass es in uns zu Krankheiten schwereren Ausmaßes kommt.

Natürlich ist es nicht so einfach für gehemmte Menschen, von heute auf morgen die Emotionen frei ausdrücken zu können. Es bedarf dazu schon einiger Therapiearbeit. Aber wenn Sie wirklich frei werden wollen, werden Sie es schaffen!!!!!!

1. Der freie Ausdruck durch die Sprache

Nehmen Sie sich einen bewegenden Zeitungsartikel, einen "Sherlock Holmes" an einer spannenden Stelle, ein Märchen, einen Witz, eine traurige Geschichte oder ähnliches zur Hand.

Stellen Sie sich vor einen Spiegel. Tragen Sie sich nun selbst (oder auch ohne Spiegel einem Freund) daraus vor und achten Sie dabei auf die Art und Weise, wie Sie sprechen. Seien Sie dabei in Ihrer Ausdrucksform variabel, sprechen Sie mal leise, mal lauter; achten Sie auf Betonung, Tonfall und Ihre Emotionen; legen Sie einfach alles in Ihre

Stimme hinein. Sehen Sie sich dabei Ihr Spiegelbild an und lassen Sie es suggestiv auf sich einwirken. Wenn Sie einen Impuls zum Lachen hin verspüren, geben Sie diesem nach: Lachen tut gut!

Wir kommen im täglichen Leben in verschiedene Situationen, in denen es von großem Vorteil ist, wenn wir uns mit unserer Stimme dem entsprechenden Gefühl und den entsprechenden äußeren Verhältnissen anpassen können. Sitzen wir z.B. in einer Kneipe mit mehreren um einen Tisch herum, so ist es erforderlich, laut zu sprechen, sonst haben wir nicht lange oder gar nicht die Aufmerksamkeit der anderen.

Ziel dieser und der folgenden Übungen ist es, die Befähigung (wieder-) zu erlangen, uns anderen Menschen über unsere Emotionen mitzuteilen. Dabei wird nicht nur die bestimmte Energie des gegenwärtigen Gefühls frei, sondern auch aufgestautes Energiepotential vergangener, nicht ausgedrückter Emotionen aus ähnlichen Situationen.

2. Der zusätzliche Ausdruck durch Mienenspiel und Gesten

Je mehr wir uns in die Lage versetzen, unsere Gedanken und Gefühle über Sprache, Mimik und Gesten mitzuteilen, umso mehr befähigen wir uns auch, sie gleichzeitig auszudrücken. Ein solch lebendiger Ausdruck macht Schluss mit Monotonie und langweiligem Gedankenfluß. Stellen Sie sich nun wieder vor einen Spiegel (Sie können die Übung aber auch wieder mit einem Freund machen, was noch besser wäre). Freunden Sie sich mit Ihrem Spiegelbild an. Nehmen Sie jetzt wieder einen der oben genannten Schriftstücke zur Hand, steigen Sie in den Text ein und die in ihm ruhende oder brodelnde Stimmung; übertragen Sie diese Stimmung aus dem Text auf Ihre Stimme, auf die dankbaren Falten Ihres Gesichts, Ihrer Stirn, Wangen, Ohren und Ihres Mundes; übertragen Sie sie auf die Arme und auf die Beine. Fühlen Sie die Stimmung, wie sie in Ihnen schwanger wird, mehr und mehr Form annimmt und schließlich aus Ihnen heraus durch Arme, Beine, Stimme, Stirn, Wangen und Mund geboren wird!

Die Natur hat uns mit diesen unterschiedlichen Spielarten des Gedanken- und Gefühlsausdrucks ausgestattet. Lassen Sie uns sie anerkennen und nutzen! Was kann uns schon Schlimmeres geschehen als vorher, als wir vor Scham und Verlegenheit zuweilen am liebsten im Erdboden versunken wären?

Wenn Sie Schwierigkeiten bemerken, den passenden Körperausdruck für eine bestimmte Emotion zu finden, so beobachten Sie einfach andere Menschen und schauen Sie, wie diese es machen. Am besten, Sie sehen sich einmal einen Film ausschließlich unter diesem Gesichtspunkt an. Schauspieler sind gute Lehrmeister des Mimen- und Gestenspiels. Achten Sie genau darauf, in welchen Situationen, bei welchem Gefühl sie die Stimme heben oder senken, auf Stirn, Wangen und

Mund welches Faltenbild gestalten - z.B. die Augen weit aufreißen oder den Offenheitsgrad verkleinern - bei welcher Gelegenheit sie ihre Arme ausdrucksbegleitend mitschwingen lassen oder gar die Beine hinzuziehen.

Experimentieren Sie dann wieder vor einem Spiegel und versuchen Sie, verschiedene Emotionen wie:

Ratlosigkeit, Hass, Gelassenheit, Erschrockenheit, Stolz, Zufriedenheit, Ergriffen-Sein vom Lachen, Heiterkeit, Andacht, Erfreut-Sein, Sprachlosigkeit vor Überraschung, Zweifel, Verärgert-Sein, Angst, Zorn etc. zu spielen.

Schließen Sie zuvor die Augen; stellen Sie sich eine Situation vor, die zu dem jeweiligen Gefühlsausdruck passt; warten Sie, bis die entsprechende Energie in Ihnen frei wird und lassen Sie dann die oben genannten verschiedenen Emotionen über Ihre Sprache, Mimik und Gesten aus sich herausrieseln, herausfließen bzw. herausplatzen - je nachdem, wie stark Sie Energie in sich spüren.

Versuchen Sie im nächsten Schritt, das Gelernte bei entsprechender Gelegenheit vor einem guten Freund, dann vor zwei und vor immer mehr Menschen einzusetzen. Wenn Sie zuweilen dabei so etwas wie Peinlichkeit spüren sollten, macht das nichts! Das ist ein ganz natürliches Gefühl! Sagen Sie innerlich "O.K." zu der entsprechenden Emotion. Sie könnten den anderen gegenüber etwa äußern: "Oh! Das ist mir jetzt aber schrecklich peinlich."

Sie werden sehen: wenn Sie diese Worte erst einmal über Ihre Lippen gebracht haben, ist alles weitere nur noch ein Kinderspiel. Erstens brauchen Sie jetzt keine Anstrengungen mehr zu unternehmen, um die Verlegenheit zu verbergen; die an-deren brauchen Ihnen jetzt nicht mehr nachzuweisen, dass Sie verlegen geworden sind. Sie haben es ja bereits über Körper und Sprache selbst kundgetan. Zweitens werden Sie feststellen, wie dieses offene Zugeben von Gefühlen befreit, sympathisch macht und Sie stärkt für zukünftige Gegenwarten!

Zuweilen geschieht es im täglichen Leben, dass wir ganz unvermittelt Bekannte treffen. Das kann in uns ein Gefühl der Überraschung hervorrufen. Auch diese Emotion will ausgedrückt sein! Sagen Sie "O.K." zu der Emotion, akzeptieren Sie sie. Dem Bekannten gegenüber könnten Sie etwa äußern: "Jetzt bin ich aber überrascht, Sie hier zu treffen! Was führt Sie hierher?"

Drücken wir diese Überraschungsenergie aus, ist sie nicht mehr vorhanden und wir können uns im weiteren Verlauf der Kommunikation ganz frei und gelöst in den jeweiligen Kontakt mit dem anderen hineinfließen lassen.

Halten wir dagegen diese Energie zurück oder sind wir auf andere Weise unehrlich, kann es leicht geschehen, dass zu der Überraschungsenergie Verlegenheitsenergie hinzutritt. Verfahren Sie mit allen Gefühlen so. Heraus damit! Fliehen Sie mit Ihrem Gefühlsausdruck gewissermaßen nach vorn - hin zu den Menschen oder Objekten, die Ihnen Angst machen.
Flucht nach vorn!!!!!
Mit der Zeit werden wir feststellen, dass wir z.B. schon gar nicht mehr verlegen werden, weil wir plötzlich jemanden treffen und uns nicht zuvor überlegt haben, worüber wir mit dem betreffenden Menschen sprechen könnten. Wir werden mehr und mehr bemerken, dass dort, wo wir unsere Emotionen ganz locker und selbst-verständlich aus uns herausfließen lassen, die Gespräche ganz natürlich und frei hinzutreten. Der Grund dafür liegt darin, dass unser Geist befreit ist von geheimen Vorbehalten, die Aufmerksamkeit verlangen, welche an sich für die Kommunikation mit dem anderen benötigt wird.
Haben Sie einmal Aggressionen oder gar Hassgefühle, so sollten Sie folgendes beachten:
Es ist zwar wichtig für Sie, sich Luft zu machen; dieses sollte jedoch stets in adäquater Form geschehen. Körperlicher Kontakt ist allenfalls dann angebracht, wenn Sie selbst körperlich angegriffen werden. Sonst ist es nämlich durchaus möglich, Ihr Gefühl in Bezug auf einen Menschen bzw. Ihre Meinung über einen anderen oder über einen Zustand einem anderen Menschen gegenüber loszuwerden, ohne dabei beleidigend, unsachlich oder körperlich zu werden. So wollen wir selbst auch behandelt werden, nicht wahr?

9. Abschnitt: Das Leben spielen
Wie oft hat man uns schon mit mehr oder minder wohlmelodierten Kundgebungen wie: „Schon so groß und noch so verspielt" oder: „Du wirst auch nie erwachsen" o.ä. die Lust am Spielen und lockeren Umgang miteinander versalzen. Wie oft haben wir uns darüber geärgert, weil wir gemerkt haben, wie viel Freude doch aus dem Brauseglas des Spiels heraus zu schlürfen war! Und haben wir uns nicht eines Tages diesem Wunsch unserer Erzieher gebeugt und das Spielen eingestellt – mit dem Ziel, im Schnellverfahren erwachsen zu werden?
Grundlegendes ist wohl beim Verstehen des Begriffs: „Erwachsen-Werden" missverstanden worden – und aus der Pflanze dieses Unverstands heraus werden immer neue törichte Ableger geboren! Erwachsen-Sein bedeutet seinem Wortsinn nach nichts mehr, als aus den Kinderstiefeln der Abhängigkeit heraus gewachsen zu sein, in denen man dem Willen und der Macht der Eltern ausgesetzt war.

Wir dürfen uns jedoch sehr wohl den Humor und die spielerische Art, mit anderen und mit Dingen umzugehen, erhalten! Jedes Wort und jede Lebenssituation lädt uns zum Spielen ein – wir müssen nur unsere Augen öffnen!

Gehen Sie z.B. zum Bäcker, so können Sie in der Weise mit Worten spielen, dass Sie sich statt schlicht „2 normale Brötchen" folgendes bestellen: „2 unheimlich toll kross gebackene Brötchen, sowie 2 in Mohn getränkte Exemplare". Am besten ist es, wenn Sie selbst Namen für den gewünschten Artikel erfinden. Lassen Sie sich dabei von der Form des Artikels inspirieren. So können Sie z.B. beim Bäcker einen wellenförmigen Rosinenkuchen als „Rosinenwelle" bezeichnen und entsprechend bestellen. Natürlich weiß die Verkäuferin nicht, was Sie meinen. Greifen Sie ihr Unverständnis auf, daraus ein Gespräch über Rosinen, Wellen, das Meer und dergleichen zu beginnen. Werden Sie wider Erwarten verstanden, loben Sie die Verkäuferin für ihren Scharfsinn und seien Sie sensibel für deren Reaktion. Spinnen Sie den Faden weiter und fragen Sie sich stets, was Ihnen zu dem, was Ihnen geantwortet wird, spontan einfällt. Lassen Sie Ihren Assoziationen freien Lauf und ungeklärt aus sich heraus sprudeln! So schlimm wird`s schon nicht sein!

Nehmen Sie ruhig die Freude an, die Ihnen der Spaß an diesem „dummen Zeug" gebiert, der noch wächst durch zuweilen lustige, freundliche Reaktionen der anderen. Lassen Sie sich nicht entmutigen, wenn der deine oder andere diesen Spaß nicht versteht! Manche sind von der Lebensfreude und vom lustigen, ungezwungenen Miteinander einfach zu weit entfernt, als dass sie Ihnen auf dergleichen Stufe begegnen könnten. Haben Sie Verständnis dafür und seien Sie beim nächsten Mal im Kontakt mit demselben Menschen nur noch „halb so verrückt". Vielleicht schaffen diese so den Sprung zu Ihnen auf das andere Ufer der fließenden Kommunikation. Am Telefon haben Sie die Chance, gleich zu Beginn des Gesprächs einen kleinen Scherz zu erzaubern, indem Sie sich nicht mit Ihrem Namen melden. Der Anrufer weiß selbst, dass Sie "Ziegenbart" heißen. Melden Sie sich mit dem Namen, der Ihnen gerade einfällt und der vielleicht zu dem entsprechenden Gefühl, das Sie gerade haben, passt. Fühlen Sie sich einsam, könnten Sie sich z.B. melden mit: "Robinson(a) Crusoe"; sind Sie gerade am Kombinieren, melden Sie sich einfach mit "Sherlock Holmes" etc.

Sehen Sie irgendwo Kinder spielen, schauen Sie ihnen zu. Wir können vieles von ihnen (wieder er-) lernen! Versuchen Sie, die unkomplizierte Leichtigkeit im Um-gang miteinander, Ihre Freude zu ergreifen. Wenn Kinder spielen, spielen sie, d.h. der analytische Kopf ist weitgehend abgemeldet. Denken, Absichten verwirklichen, Gedanken denken und Gefühle fühlen vertragen sich in der Regel nicht. Wir brauchen unseren Kopf nicht 24 Stunden am Tag 'volle Kraft voraus" zuzumuten. Gönnen Sie ihm ruhig einmal eine spielerische, erfrischende Pause. Er wird es Ihnen danken!

Wenn es draußen regnet, so ist es zwecklos, regten wir uns darüber auf. Wie wäre es, wenn wir in diesem Augenblick das Positive an jedem Tropfen sähen, der uns bald rau, bald liebevoll küsst? Wie, wenn wir spontan ein Lied auf den Tropfen komponierten? Diese Spielart des kreativen Opportunismus' erhält uns die Stimmung und lässt uns viele Dinge differenzierter sehen! Nehmen wir unser Schicksal an und sagen im tiefsten Inneren „Ja" dazu, lösen sich die Schlingen um uns herum und unser Blick wird frei für die Rosen, die gerade blühen, für das Reh, das über einen Baumstamm springt, kurzum: für das, was wirklich zählt im Leben! Wieviel Energie verschwenden Sie in ihrem Leben, mit dem Schicksal zu hadern? Was nützt es? Nichts! Eben! Nehmen Sie Ihr Los als im Augenblick unabwendbar an! Überlegen Sie, was Sie verändern können, dass Sie wieder lachen können! Aber lassen Sie keine Gelegenheit ungenutzt, die funkelnden Diamanten wahrzunehmen und zu genießen! Der Dschungel ist dunkel, aber voller Diamanten!!!

Das Singen ist sehr gut geeignet, von Ihnen persönlich als unangenehm empfundene Dinge in Positives zu verwandeln. Vertonen Sie einfach Ihre bedrückenden Gedanken im Rahmen einer lustigen Melodie. Nehmen Sie es sich ruhig heraus, über Ihre eigenen Fehler zu schmunzeln. Auf diese Weise gewinnen Sie schnell Abstand von den Qualen des Missgeschicks und schaffen somit Kapazitäten für Veränderung.

Regt sich ein anderer Auto- oder Fahrradfahrer laut hupend oder klingelnd über Ihre Art zu fahren auf, so winken Sie ihm lächelnd zu! Sie haben keinen Grund, sich über ihn zu ärgern. Es ist ausreichend, wenn sich einer aufregt. Durch diese "Aktion" gelingt es Ihnen vielleicht, wenn Sie wirklich freundlich zu ihm sind, dessen Sorgenfalten wieder zu glätten. Nehmen Sie sich dann ruhig die Muße, sich über Ihr positivursächliches Verhalten zu freuen. Diese Freude haben Sie sich wohlverdient!

Bedienen Sie sich hin und wieder der Fähigkeiten Ihrer Fantasie. Gehen Sie auf Reisen; lesen Sie Romane; hören Sie sich im Radio Hörspiele an; phantasieren Sie sich alleine oder mit Ihrem Partner bei geschlossenen Augen eine Urlaubssituation aus. Beschreiben Sie im Sinne des Katathymen Bilderlebens nach Leuner halblaut, was in der Szene im Einzelnen geschieht, was Sie unternehmen, wie es dort aussieht, was Sie hören, riechen, schmecken und fühlen. Geben Sie Ihrem Partner dabei Gelegenheit, sich in die von Ihnen phantasierte Situation einzufühlen und halblaut weiter zu phantasieren. Stellen Sie sich die

veränderte Situation vor und fahren Sie mit dem Phantasie-Spiel fort. Drehen Sie in der Phantasie Ihren eigenen Film.
Haben Sie schon jemals Nachbarn freundlich gegrüßt, auch wenn Sie sie nicht kannten? Machen Sie es einmal und erweisen Sie sich selbst und Ihren Nachbarn damit einen Gefallen! Ein solches Vorgehen wird Sie Emotionalisierung, unter anderem deshalb, weil Sie merken, wie Sie plötzlich ursächlich werden im zwischenmenschlichen Miteinander, nicht mehr bloß reagieren auf Verhalten anderer, sondern selbst die Verantwortung für Ihre Stimmung übernehmen.
Sagen Sie auch lieber einmal mehr "danke" als zu wenig. Es ist ganz umsonst, aber bringt Freude und Kommunikation. Es ist viel einfacher und schöner, aus einem Gefühl der Dankbarkeit heraus zu leben, als ständig darauf bedacht zu sein, sein Recht durchzusetzen, zu schauen, ob einem der andere z.B. die Vorfahrt gewährt oder nicht, ob er sich bedankt für Ihre Freundlichkeit oder nicht. Versuchen Sie einfach mehr und mehr, durch Ihr freundliches Verhalten die Ursache zu setzen für ein freundliches Verhalten der anderen! Sie werden staunen über die „Zinsen" dieser Einlage!!!
Seien Sie mehr Ursache denn Wirkung! Seien Sie - wie Buddha spricht - wie ein Licht, damit Sie sich selbst leuchten können, oder - wie Bhagwan sagt - wie ein Witz, damit Sie über sich selbst lachen können - ohne sich nicht auch in diesem Lachen ernst zu nehmen!
Einen Nebeneffekt verhaltenstherapeutischer Art erzielt die spielerische Art, das Leben zu leben, auf das individuelle Angstarrangement. Denn durch sie wird zum einen auf kognitiver Ebene kontinuierlich eine Haltungsänderung gegenüber angstbesetzten Situationen bewirkt, zum anderen tritt mit zunehmenden positiven Kontakten und Reaktionen der anderen eine gewisse Desensibilisierung ein. Die positiven Erfahrungen und das dadurch gewachsene Selbstvertrauen bedingen, dass bisher angstbesetzte Situationen mehr und mehr als angenehm erlebt werden können und deshalb weder zu meiden noch zu fürchten sind!

10. Abschnitt: Die Kunst, das Jetzt zu leben
Glückserfahrungen im Leben eines Menschen machen Erlebnisse aus, an denen die Wahrnehmungsorgane und insbesondere das Gefühl maßgeblich beteiligt sind. Man könnte sagen:
Wahrnehmungen sind ihrer natürlichen Bestimmung nach zu einem nicht unerheblichen Teil auch darauf angelegt, Gefühle zu erzeugen. Ist eine Sinneswahrnehmung nicht mit einem Gefühlserlebnis verbunden, kann das entweder darauf zurückzuführen sein, dass das Erlebnis de facto indifferent ist - oder darauf, dass der Wahrnehmende mehr oder minder bewusst keine Gefühle zulässt.

Ausgehend vom Naturgesetz ist es durchaus erstrebenswert wahrzunehmen, da das Gefühl den Weg der Wahrnehmung sucht und nur über diese letztlich Glück empfunden werden kann. Allein die Sensation, Glück zu erleben, macht das Leben lebenswert.

Derjenige, der den wahrnehmenden Weg wählt, riskiert naturgemäß unangenehme Gefühle. Doch ist dieser Weg nicht selbst dann, wenn diese im Einzelfall überwiegen sollten, erstrebenswerter als der "sichere Weg", auf dem Highlights und Low-lights gleichviel bedeuten? Der "sichere Weg" ist zwar weitgehend frei von Angst-erlebnissen - aber auch von dem Empfinden einer - jede Körperzelle durchströmenden – Freude!

Das Wahrnehmungstraining stellt gewissermaßen eine Querstraße dar, die ein Verlassen des "sicheren Weges" ermöglicht und auf die "Hauptverkehrsstraße" führt. Das Training dient der Sensibilisierung, es öffnet die Rezeptoren!

Das "Jetzt" leben zu können bedeutet, frei zu sein von den Fesseln des Vergangenen und Künftigen. Es setzt die Fähigkeit voraus, nur das fühlen, sehen, schmecken, riechen und hören zu können, was tatsächlich zu Ihrem gegenwärtigen Wahrnehmungsumfeld in Beziehung steht. Es bedeutet, den Weg vom bloßen Gedankenleben zu verlassen und den natürlichen Weg zu gehen, d.h.:

Zu denken, wenn es darum geht, gedankliche Ergebnisse zu erzielen und zu erleben, also das objektive Geschehen wahrzunehmen in allen anderen Fällen.

Die Unterhaltung mit anderen Menschen ist eine Kombination von Denken und Erleben. Erleben meint, die ganze Aufmerksamkeit mit der ganzen verfügbaren Wahrnehmungskapazität, unter Beteiligung aller Sinne auf Anschauungsobjekte sowie äußere Geschehen zu richten. Es sind nicht nur die großen Ereignisse des Lebens, die erlebenswert sind. Gerade die kleinen und vermeintlich unwichtigen Dinge des täglichen Lebens bieten eine unerschöpfliche Quelle möglicher Glückserfahrung. Das Abendessen z.B. kann Ihnen eine solche Erfahrung bescheren, wenn Sie Ihr Essen "feiern", wenn Sie Ihre Aufmerksamkeit nur dem Essen sowie dem jeweiligen Raum und der bestimmten Zeit widmen, in dem bzw. zu der Sie Ihr Essen einnehmen. Schauen Sie, wie appetitlich Sie es zubereitet haben, riechen Sie, wie lecker es duftet und nehmen Sie genau wahr, wie es schmeckt. Jeder Gedanke beim Essen ist an sich überflüssig und beschränkt Ihren Genuss des Augenblicks. Nehmen Sie das Essen mit Ihrem Partner oder einem Freund ein, so schauen Sie ihn ruhig zwischendurch an - aber unterhalten Sie sich nicht. Sie werden sehen, wie toll das ist!

Führen Sie sich zu Bewusstsein, dass alle Dinge um Sie herum, die Sie wahrnehmen, Sie mit ihrem individuellen Reiz beschenken. Sie brauchen sie nicht zu besitzen, um sich an ihrer Schönheit, ihrem Duft, ihren Geräuschen erfreuen zu können. Seien Sie dankbar für die Dinge, denen Sie im täglichen Leben begegnen und deren Existenz Ihnen gratis ein gutes Gefühl vermittelt.

Üben Sie sich darin, das, was Ihre Augen sehen, bewusst zu sehen und das, was Sie bewusst sehen, genüsslich zu sehen. Versuchen Sie, das, was Sie hören, riechen, schmecken, fühlen, bewusst und mit Genuss zu tun!

Je mehr Aufmerksamkeit Sie statt gedanklichen Vorgängen äußeren Dingen schenken, umso weniger werden sich unangemessene soziale Angstreaktionen ein-stellen. Diese Angstreaktionen gehen auf Prozesse im Unbewussten zurück. Sie entziehen sich in dem Masse, wie Sie sich äußeren Dingen und Geschehnissen widmen, dem Einfluss Ihres Unbewussten. Dagegen nimmt der Einfluss des Unbewussten zu, je mehr Sie in sich hineinschauen und sich den Gedanken ergeben.

Zur Schulung Ihrer Fähigkeit, das "Jetzt" leben zu können, schlage ich folgende Übungen vor:

Übung 1:
Setzen Sie sich bequem in einen Sessel und schließen Sie Ihre Augen. Spüren Sie, wie es sich anfühlt, auf dem Sessel zu sitzen, nehmen Sie wahr, was Sie hören und riechen. Beurteilen Sie Ihre Wahrnehmungen nicht und lassen Sie auch sonst keinen Gedanken zu. Beenden Sie die Übung nach etwa 20 Minuten.

Übung 2:
Setzen Sie sich und betrachten Sie etwa 10 Minuten aus einer Entfernung von ca. einem Meter ein Bild. Versuchen Sie, jede Einzelheit drauf zu erkennen. Nehmen Sie aber auch wahr, was sonst noch geschieht, was Sie hören, spüren und riechen; denn all diese Dinge zählen zum Bereich des "Jetzt".

Übung 3:
Sehen Sie aus Ihrem Fenster und gehen Sie im Übrigen vor, wie im Vorstehenden beschrieben. Lassen Sie also keine Gedanken zu, während Sie die Dinge um sich herum erleben.

Übung 4:
Gehen Sie spazieren und nehmen Sie die wechselnden Eindrücke unreflektiert und genüsslich wahr. Schauen Sie entgegenkommenden Passanten in die Augen. Beurteilen Sie sie nicht, fragen Sie sich nicht,

wie die Passanten Ihren Blick werten könnten und lassen Sie keine Wünsche oder sonstigen Gedanken zu. Wenn Sie Verlegenheit in sich aufsteigen spüren, so spricht das dafür, dass Sie gewisse Gedanken zugelassen haben. Sagen Sie dann innerlich kurz "o.k." zu Ihrer Verlegenheit. Bemühen Sie sich, einen ganz bestimmten Punkt im Gesicht des Passanten, angesichts dessen Sie sich etwas gedacht haben, was in Ihnen Verlegenheit ausgelöst hat, ganz genau zu betrachten, gerade so, als ginge es Ihnen darum, etwas Neues zu entdecken.

Bei diesem Vorgehen erkennen Sie einerseits Ihre Emotion an, so dass Ihr Unbewusstes Sie nicht wegen Verdrängung einer Emotion durch Verstärkung derselben und damit verbundene erhöhte Aufmerksamkeit auf dieser "ungeliebten Emotion" strafen kann; andererseits verschwindet die Verlegenheit durch die nachfolgende intensive Konzentration auf einen äußeren Vorgang von selbst und zwar so, dass Sie es gar nicht bemerken.

Durch diese Erfahrung lernen Sie den natürlichen Umgang mit Ihren Emotionen, d.h., nichts dafür tun zu müssen, dass sie entstehen, aber auch nichts im Hinblick auf ihr Verschwinden zu unternehmen.

Übung 5:
Unterhalten Sie sich mit einem Freund. Bemühen Sie sich um ein bewusstes Gespräch unter Augenkontakt. Nehmen Sie das Jetzt - Ihren Freund und Ihre Umgebung mit ihren Geräuschen und Düften war. Als Gesprächsthema bietet sich unter anderem an, über Bedeutung und Praxis, dass "Jetzt" zu leben, zu diskutieren.

Bauen Sie diese Übungskette nach Ihrem Belieben weiter aus, bis die Übung zu Ihrer ständigen natürlichen Lebenspraxis geworden ist. Lassen Sie nur dann Gedanken zu, wenn Sie gedankliche Ergebnisse erzielen wollen. Seien Sie bestrebt, in allen anderen Fällen das "Jetzt" zu leben, also äußere Dinge und Geschehnisse wahrzunehmen.

11. Abschnitt: Autogenes Training - Grundstufe

Das Autogene Training (griechisch: auto = selbst; gen = erzeugend) ist eine Entspannungstechnik, die 1920 von dem Arzt J. H. Schultz aus den Erkenntnissen über die Wirkungen der Autosuggestion sowie der Autohypnose heraus entwickelt worden ist. Der Glaube an die selbstheilenden Kräfte unseres Organismus' ist für diese Technik daher hilfreich. Unser organisches System funktioniert nach bestimmten Gesetzmäßigkeiten. Seine Harmonie kann gestört werden, wenn der Mensch auf natürliche, körperliche Signale hin nicht angemessen reagiert und z.B. Müdigkeit mit Koffein und Stress-Symptome mit Beta-Blockern bekämpft.

Wir haben uns im Zuge des zunehmenden Konsumgedankens angewöhnt, erst die Folgen eines Krankheitsprozesses zu behandeln und sehen nicht die Notwendigkeit, im Vorfeld präventiv tätig zu werden. Wir verhalten uns wie ein Gärtner, der einzelne welke Blätter behandelt, anstatt die Pflanze regelmäßig zu gießen. Gesundheit ist ein aktiver Prozess - das Ergebnis regelmäßiger, auf sie zielender Maßnahmen. Das Autogene Training ist eine solche Maßnahme, die den natürlichen Energiefluß wiederherstellen und aufrechterhalten kann. Die gewonnene innere Harmonie verleiht die Fähigkeit zum harmonischen Umgehen mit der Umwelt; die auf diese Weise in der Umwelt erzeugte Harmonie strahlt auf das Individuum zurück.

Diese Technik erzielt gute Erfolge bei Schlafstörungen, Herz- und Kreislauferkrankungen sowie Magen- und Darmstörungen. Sie führt zu einer Verbesserung der Konzentration und fördert damit die geistige Leistungsfähigkeit. Auch bei Hemmungen und sozialer Angst kann mit dem Autogenen Training ge-arbeitet werden; denn diese beruht oft auf einem mangelnden Selbstbewusstsein, das durch Autogenes Training vergrößert wird. Bei der weitverbreiteten Er-rötungsfurcht beispielsweise lernt der Betreffende im Autogenen Training, durch Sofortumschaltung den Blutstrom statt in den Kopf in die Beine zu leiten_ Der Übende erfährt dadurch gewissermaßen eine "Erdung". Da durch Autogenes Training nach und nach eine zunehmende Stabilisierung eintritt, ist nach einiger Übungszeit die vorstehend geschilderte Hilfstechnik schon nicht mehr erforderlich. Des weiteren können Minderwertigkeitsgefühle, Stottern, Situationsängste o. ä. via Autogenes Training abgebaut werden. Bei Angstneurosen hingegen sollte wegbereitend - gegebenenfalls auch neben dem Autogenen Training - ein analytisches Verfahren hinzugezogen werden.

Autogenes Training versetzt den Übenden in die Lage, zunächst im Training physiologische Prozesse zu steuern, um später auch im täglichen Leben Affekterlebnisse handhaben zu können. Autogenes Training erzielt sowohl präventive als auch repressive Wirkung. Durch einen Moment geistiger Konzentration gelingt es dem Fortgeschrittenen, die "affektanfällige See", also Gefäße, Atmung, Herz und Muskeln ruhig zu halten und dadurch dem aufsteigenden Sturm - dem Affektgeschehen - die wellenbildende Kraft zu nehmen. Der Begründer des Autogenen Trainings - Schultz - bezeichnete diesen Effekt als "affektive Resonanzdämpfung".

Das Geheimnis der Wirkkraft der im Autogenen Training verwendeten Suggestionen liegt in der Erfahrung begründet, dass Vorstellungen vegetativ wirken und im Zustand tiefer, unkritischer Entspannung die rezeptive Hingabe an ein selbst gesetztes Phantasie-Geschehen zur Verwirklichung hindrängt. Während andere Techniken durch Erkenntnis

und inneres Erleben eine Haltungsänderung anstreben, führt im Autogenen Training umgekehrt die Haltungsänderung zu einem veränderten Erleben.
Die durch das Autogene Training bewirkte affektive Resonanzdämpfung setzt sich von der vorsätzlichen - angespannten Affektbekämpfung dadurch ab, dass hier die Affektspannung gänzlich aufgelöst wird, dort dieselbe dagegen eine Zunahme er-fährt. Dieser Erfolg kann aber auch durch Autogenes Training erzielt werden. Er kann in Situationen, wo es um angenehme Gemütsbewegungen geht, angestrebt werden. Durch konzentratives Hinwenden auf ein Geräusch-, Bild- oder Tasterleben kann dieses eine wünschenswerte Vertiefung erfahren.
Beim Autogenen Training horchen und sehen wir in uns hinein und nehmen die natürlichen, normalerweise automatisch ablaufenden Vorgänge wahr und intensivieren ihre heilenden Wirkungen. Durch die Übung der Körperwahrnehmung werden wir zunehmend dazu angehalten, Körpersignale und ihre Ursachen ernst zu nehmen und ggf. rechtzeitig notwendig werdende Maßnahmen zu ergreifen.
Beim Autogenen Training geben Sie sich wiederholt Suggestionen wie z.B.: "Der rechte Arm strömt ganz warm". Nervensystem, Muskulatur und Kreislauf reagieren allmählich auf diese Suggestionen im gewünschten Sinne. Die Wirkungen der einzelnen Suggestionen können durch bildliche Vorstellungen - z.B. die Einnahme eines warmen Getränkes oder eines Sonnenbades bei der Wärmeübung - intensiviert werden. Aus der Vorstellung eines Wärmeerlebnisses heraus entsteht nach und nach ein wirkliches Gefühl der Wärme.
Autogenes Training funktioniert auf Suggestionsbasis. Suggestion bezeichnet stets einen konkreten Vorgang zwischen mindestens zwei Personen. Da der Übende des Autogenes Trainings ohne den Suggestoren auskommen muss und dennoch die Suggestionen Erfolge zeitigen, wird angenommen, dass der einzelne in sich selbst den Suggestoren kreiere, indem er einen gewissen Teil seiner Persönlichkeit ab-spaltet. Mit dem abgespalteten Persönlichkeitsanteil, der quasi zum Ideal-Ich er-hoben wird, tritt eine Identifikation ein, wenn diese lohnend ist und das Vorbild geschätzt wird. Diese Identifikation mit dem Ich-Ideal wird gerade bei bildhaften Suggestionen deutlich, in denen der einzelne sein Vorbild beispielsweise in ruhiger, zufriedener und selbstsicherer Verfassung in einem Boot auf einem ruhig gelegenen See zur inneren Anschauung bringt.
Während des Autogenen Trainings zielt die Konzentration zwar auf die einzelnen Formeln und deren Wirkungen; gelegentlich aufsteigende Gedankenbilder sollen jedoch nicht verdrängt werden. Zu den Grundregeln des Autogenes Trainings zählt, Aktivität im Hinblick auf die

Entstehung von Positivem zu entfalten und da-bei nichts zu unternehmen, um die Entstehung von unerwünschten Sensationen zu verhindern. Negative Suggestionen wie zum Beispiel: "Ich fange jetzt nicht an zu schwitzen, zittern, werde jetzt nicht rot" sind also untauglich. Das Positive setzt sich nach einiger Praxiserfahrung mit Autogenem Training stets durch, so dass Unerwünschtes ohnehin beseitigt wird.
Die beim Autogenen Training verwendeten einzelnen Suggestionen lassen sich leichter verwirklichen, wenn es nach einer körperlichen Anstrengung ausgeübt wird. Gymnastische oder Yoga-Übungen z.B. führen zu einer besseren Durchblutung des Körpers und rufen ein Gefühl der Wärme und Schwere hervor. Zudem sind sie geeignet, gegebenenfalls vorhandene Muskelverspannungen zu lösen. Diese Bedingungen begünstigen die Wahrnehmung des eigenen Körpers und damit die Wirkungen des Autogenen Trainings.
Autogenes Training sollte regelmäßig zweimal täglich mindestens 20 Minuten in einem halbdunklen Raum durchgeführt werden. Da unser Organismus durch Erfahrung und Gewohnheiten geprägt ist, muss er erst die Erfahrung regelmäßigen autogenen Trainings machen, um darauf reagieren zu können. Es ist daher Geduld beim Erlernen des Autogenen Trainings erforderlich. In der Regel wird ein Zeitraum von etwa drei Monaten benötigt, um autogenes Training mit den gewünschten Ergebnissen praktizieren zu können.
Zum Einstimmen sei empfohlen, die einzelnen Einstellungen bis zu fühlbarem Erfolg isoliert zu praktizieren, bevor sie innerhalb einer Sitzung nacheinander durchgeführt werden. Dabei sind die einzelnen Einstellungen nicht Selbstzweck; sie sollen im Ergebnis eine harmonische Synthese bilden, so dass sich dem Geübten schließlich das Phänomen darstellt, dass sich auf augenblickliche Konzentration hin - zum Beispiel auf das Herzerleben im Affektgeschehen - auch alle anderen Sensationen - nämlich: Ruhe, Schwere, Wärme, Atmung und Stirnkühle, die ja in ihrer Gesamtheit via Erfahrung an das Herzerlebnis gekoppelt sind -einstellen.
Autogenes Training kann im Liegen, in Droschken-Kutscher-Haltung auf einem Stuhl oder auf einem bequemen Ohrensessel durchgeführt werden. Im Liegen sollte der Kopf ein kleines Kissen zur Unterlage bekommen, die Arme leicht angewinkelt sein und die Fußspitzen sollten zur Seite fallen. Entscheidend für diese wie auch für die anderen Positionen ist, dass keine Muskelkraft mehr aufgewendet wird. Die Rückenlage als gewöhnliche Ruheposition begünstigt die Besinnung auf den Körper. Im Sitzen ist darauf zu achten, dass der Kopf entweder auf einer Lehne ruht oder nach vorn gesenkt wird und die Unterarme entweder auf einer Armlehne oder den Oberschenkeln zur Ruhe kommen.

Es ist zu empfehlen, sich die einzelnen Formeln halblaut mit ruhiger Stimme vorzusprechen, nachdem man sie zuvor auswendig gelernt hat. Dieses Vorgehen begünstigt die einzelnen Wirkungen. Jede Formel wiederholen Sie etwa 10 Male. Nehmen Sie dabei die Vorgänge in Ihrem Körper wahr.

Die Ruhe
Im Anfangsstadium mag es zuweilen noch nicht recht gelingen, auf die bloße Konzentration auf Ruheformel und Körper hin tatsächliche Ruhe zu spüren. Daher kann in diesen Fällen die suggestive Wirkung der Formel durch die bildhafte Vorstellung einer Entspannungssituation verstärkt werden - zum Beispiel durch das Bild einer Rast im Wald, einem Sonnenbad in einem Boot auf einem ruhig gelegenen See o. ä.. Im fortgeschrittenen Übungsstadium allerdings sind die bildhaften Suggestionen infolge eingetretener Konditionierung regelmäßig nicht mehr erforderlich.

Die Schwere
Die Schwere-Einstellung führt zur Entspannung der Muskulatur und damit zu verstärktem Bluttransport. Dieser wiederum bewirkt, dass die in die Übung einbezogenen Arme und Beine nicht nur im subjektiven Erleben, sondern tatsächlich schwerer werden. Das Erleben von Schwere bringt Sie intensiver mit der Erde in Verbindung. Diese "Erdung" bedingt eine Stabilisierung des Gesamt-Organismus', den ein Affektgeschehen nicht umzustürzen vermag.
Das Schweregefühl kann zu Beginn - wenn es sich nicht ohne Hilfsmittel einstellt - durch die Vorstellung unterstützt werden, ein kleines Gewicht beschwere den Arm (das Bein). Schwindelgefühle, die anfangs gelegentlich auftreten, sind das Ergebnis autogen erzeugter Entladung und münden später in das reine Schweregefühl. Die Schwere-Einstellung erzielt nach einiger Zeit einen generalisierenden Effekt dahin, dass sich ein Gefühl allgemeiner Schwere einstellt.

Die Wärme
Durch die Wärme-Einstellung soll die Fähigkeit zur willkürlichen Weitung der Blutgefäße erworben werden. Weitung der Blutgefäße korreliert mit verstärkter Blutzufuhr und Entspannung. Auch diese Zieleinstellung kann erforderlichenfalls via Vorstellung unterstützt werden. Schon im täglichen Leben bedingen bestimmte Phantasien - zum Beispiel der Gedanke an eine künftige Angstsituation bzw. die gedankliche Schau eines Urlaubserlebnisses - Durchblutungsveränderungen. Über die gleiche Technik kann im Autogenen Training die Blutzufuhr in bestimmte Körperteile gesteuert werden.

Das sich einstellende Wärmeerleben existiert dabei nicht isoliert in der Vorstellungswelt des Übenden, sondern ist real und das Produkt einer gestärkten Blutzirkulation durch den betreffenden Körperteil.
Eine Arm- und/oder Handmassage, ein warmes Armbad vor dem Autogenen Training oder eine aufgelegte Wärmflasche können das Wärmeerleben positiv beeinflussen. Denselben Erfolg kann eine Decke herbeiführen, die Ober- und Unter-körper bedeckt. Ist auch jetzt noch keine Wärme spürbar, können bildhafte Suggestionen herangezogen werden - zum Beispiel die Phantasie der Einnahme eines warmen Getränkes oder die Vorstellung, der jeweilige Körperteil sei in ein Wärmekissen gehüllt oder werde von der Sonne beschienen. Bei der sich auf die Arme beziehenden Wärmeübung sei empfohlen, die Aufmerksamkeit auf die Hände zu konzentrieren und die Arme in das Wärmeerleben nicht mit einzubeziehen. Zum einen haben viele Anfänger bei der Wärmeübung wegen kalter Hände zunächst mit diesen die größten Probleme; zum anderen werden die Arme automatisch warm, wenn die Wärme-Einstellung der Hände Erfolg gezeitigt-hat, da die Blutzufuhr zu den Händen hin nur über die Arme führt. Darüber hinaus können die angenehmen Wirkungen des Autogenen Trainings beeinträchtigt werden, wenn die auch in den Oberarmen gespürte Wärme in den Kopfbereich hinausstahlt.

Die Atmung
An diesem Punkt gilt die Aufmerksamkeit, das Interesse ganz der Lungentätigkeit, ohne diese beeinflussen zu wollen. Dazu besteht auch keine Veranlassung, denn die Lunge atmet genau das Quantum Luft, das es gerade benötigt und zwar genau dann, wenn sie es für richtig hält. Im Verlauf der Übung sinkt die Atemfrequenz und die Atmung geht von der Brustatmung zur flachen Bauchatmung über. Gelegentlich kann diese Einstellung die Sensation begleiten, die Atmung hebe und senke den Übenden, wie ein Boot bei leichtem Seegang bewegt werde oder der ganze Körper werde von der Atmung getragen. Bei Schwierigkeiten ist zu empfehlen, die Hände auf den Bauch zu legen. Das Erleben des atmungsbedingten Auf und Ab der Hände bindet die Aufmerksamkeit an das Atem-Erlebnis.

Das Herz
Ziel der Herz-Übung ist es, den Puls und damit die Kraft des Herzens zu spüren, um so Vertrauen in das Vermögen des Herzens zu gewinnen. Dem Herz-Erleben ist im Rahmen des Autogenen Trainings entscheidende Bedeutung beizumessen. Ein ruhiger Puls korreliert mit Ruhe und Entspannung, ein schneller dagegen z. B. mit Unruhe oder Angst. Gelingt es, im Affektgeschehen spontan einen beruhigenden

Einfluss auf die Herztätigkeit zu nehmen, so werden von diesem Erfolg unmittelbar auch die anderen Angstsymptome - z. B. Schweißsekretion, schneller Atem o. ä. - beeinflusst.

Wenn es Ihnen Schwierigkeiten bereitet, Ihren Puls zu spüren, legen Sie einfach Ihre Hand aufs Herz oder dorthin, wo Sie persönlich diesen am besten spüren können - sei es am Handgelenk, am Hals, auf einer Wunde oder anderswo. Unter Umständen ist auf den in Konzentration genommenen Körperteil ein leichter Druck auszuüben.

Nie darf jedoch versucht werden, eine Verminderung des Pulses anzustreben. Ein komplizierter Mechanismus regelt die Pulsfrequenz automatisch. Diese ist abhängig von dem momentanen Sauerstoff und Kohlensäuregehalt des Blutes. Ein Eingriff in das autonome System ist unbedingt zu unterlassen.

Das Sonnengeflecht
Diese Übung beschäftigt sich mit dem größten Nervenknotengeflecht des Leibes - dem Sonnengeflecht, das zwischen dem Nabel und dem Brustbein gelegen ist. Es verbindet die Leiborgane mit dem Nervensystem. Diese Formel soll innerorganische Verspannungen und Fehlreaktionen ausschalten. Zur Verstärkung der Wirkungen kann hier z. B. die bildliche Vorstellung verwendet werden, ein Heizkissen liege auf dem Oberbauch und wärme diesen. Es können aber auch die warmen Hände auf den Oberbauch gelegt und die Suggestion gegeben werden, über die warmen Hände ströme warme Energie in das Sonnengeflecht.

Die Stirnkühle
Den Entspannungszustand kennzeichnet schließlich eine leichte Stirnkühle. Diese Einstellung zielt auf den Erwerb der Fähigkeit, unabhängig von unbedeutenden Alltagserlebnissen zu sein, "einen kühlen Kopf zu bewahren". Unwesentliches soll kognitiv als solches erkannt und emotional nicht z.B. durch Affektreaktionen zu inadäquater Bedeutung erhoben werden.

Gelingt die Stirnkühle nicht sofort, so können Sie die Suggestion hinzuziehen, Sie säßen auf einer Bank am einsamen Flussufer und ein kühler Lufthauch umspiele zart Ihre Stirn. Auch die Vorstellung, Eau de Cologne o. ä. werde auf die Stirn aufgetupft, trägt zur autogenen Stirnkühle bei. Es ist darauf zu achten, dass keine allzu intensiven Kältesensationen suggeriert werden - etwa die Vorstellung, ein Eisbeutel o. ä. kühle die Stirn. Die Missachtung dieses Hinweises kann unangenehme Konsequenzen in Form von Kopfschmerzen oder Schwindelgefühlen bedingen. Es soll lediglich eine ganz leichte Stirnkühle gesetzt werden. Bei korrekter Ausführung kann gelegentlich das Gefühl entstehen, die leichte, kühle Stirn throne oder schwebe über dem schweren, warmen übrigen Körper.

Die Rückkehr
Zum Abschluss des Autogenen Trainings wird bei geschlossenen Augen der Blick von Innen nach Außen gerichtet. Die Aufmerksamkeit gilt nun der Umgebung mit ihren Geräuschen. Recken und strecken Sie danach Ihren ganzen Körper und atmen Sie dabei tief ein und aus. Erst dann sollten die Augen geöffnet werden. Dieses abschließende Vorgehen ist wichtig: Es bewirkt eine geistige Umstellung auf das Alltagsleben und unterstützt eine schnelle Rückkehr. Diese kann erleichtert werden durch die Suggestion: "Ich werde gleich meine Augen öffnen und wunder-bar entspannt und optimistisch meine nächsten Aufgaben angehen."

Die Formeln im Einzelnen:
Formel 1: Ich bin ganz ruhig, zufrieden und selbstsicher.
Die Formel wird etwa viermal gesprochen, wobei darauf zu achten ist, dass dieses langsam und ruhig geschieht; dieses Prozedere sollte sich auf drei Atemsequenzen erstrecken, wobei jeweils beim Ausatmen das nächste Wort gesprochen wird. Nach jedem Formelspruch gilt die Aufmerksamkeit für Augenblicke der körperlichen Reaktion auf den Spruch, die gegebenenfalls über Visualisierungen und Identifikation mit dem Ideal-Ich in paradigmatischen Situationen zu unterstützen ist.

Formel 2: Mein rechter (dann linker) Arm wiegt ganz schwer.
Die sprachliche oder gedankliche Wiederholung dieser Formel erfolgt etwa vier-mal, bis eine fühlbare Schwere eintritt. Danach wird einmal erneut die Einstellung der Formel 1: "Ich bin ganz ruhig, zufrieden und selbstsicher" durchlaufen.

Formel 3: Mein rechtes (dann linkes) Bein wiegt ganz schwer.
Auch diese Formel ist etwa viermal zu durchlaufen, bevor die Formel 1 einmal wiederholt wird.

Formel 4: Mein rechter (dann linker) Arm strömt ganz warm.
Auch diese Formel ist etwa viermal zu durchlaufen, bevor eine einmalige Wiederholung der Formel 1 erfolgt.

Formel 5: Mein rechtes (dann linkes) Bein strömt ganz warm. (Ca. viermal, dann einmal Formel 1).

Formel 6: Meine Arme und Beine sind ganz schwer und warm.
(Einmal plus einmal Formel 1).

Formel 7: Mein Atem geht ganz ruhig und automatisch. (Ca. viermal plus einmal Formel 1).

Formel 8: Mein Herz schlägt ruhig und gleichmäßig. (Ca. viermal plus einmal Formel 1).

Formel 9: Mein Sonnengeflecht strömt warm. (Ca. viermal plus einmal Formel 1).

Formel 10: Meine Stirn ist angenehm kühl. (Ca. viermal plus einmal Formel 1).

Rückkehr
Jede Sitzung wird mit der Rückkehr (s. o.) geschlossen

Das Kurzprogramm des Autogenen Trainings
Mit dem Kurzprogramm des Autogenen Trainings sollte nicht eher begonnen wer-den, bevor nicht zufriedenstellende Erfahrungen hinsichtlich aller Übungsziele der Grundstufe gewonnen worden sind. Es setzt die Fähigkeit voraus, relativ kurzfristig die Reaktionen gemäß den formelhaften Vorsätzen auslösen zu können. Es kann dort praktiziert werden, wo es gilt, Wartepausen zu überbrücken, die ja gewöhnlich dazu verwendet werden, sich über andere Leute aufzuregen; ferner dort, wo eine schwere Belastung bevorsteht - zum Beispiel auf dem Weg zum Chef; des Weiteren im Café, in der Schlange eines Supermarktes, bei der Hausarbeit, beim Spazierengehen, in einer Konferenz etc.
Zwar ist der sich einstellende Entspannungszustand wegen einströmender äußerer Sinnenreize nicht von gleicher, tiefer Qualität wie beim Praktizieren des Autogenen Trainings unter geschlossenen Augen; dafür rückt jedoch bei Durchführung des Kurzprogramms unter Menschen ein weiterer therapeutischer Gesichtspunkt in den Vordergrund:
Der Desensibilisierungseffekt.
In dem Augenblick, in dem die Konzentration bestimmten Enspannungsformeln gilt, ist der Mechanismus, der sonst regelmäßig das Entstehen von sozialer Angst eingeschaltet hat, zumindest stark gehemmt. Mit zunehmend guten Erfahrungen vertieft sich der Entspannungsgrad in dem Masse, in dem die angstauslösende Wirkung einer bestimmten

Situation - zum Beispiel Warten in einer Schlange - ab-nimmt. Wo dieser Erfolg eintritt, ist eine Desensibilisierung in vivo eingetreten, die Angst nach verhaltenstherapeutischer Terminologie "verlernt" worden.

Zur Praxis des Kurzprogramms:
Das Kurzprogramm hat keine Zeitgrenze. Es kann 20 Sekunden, aber auch 20 Mi-nuten in Anspruch nehmen. Es kann im Sitzen, im Stehen und auch im Gehen praktiziert werden, wobei jeweils auf eine möglichst entspannende Körperhaltung zu achten ist. Eventuelle Bewegungen werden am besten rhythmisch und von meditativer Ruhe getragen ausgeführt. Unter Menschen bzw. in Bewegung sollten die Augen geöffnet bleiben, sonst geschlossen werden. In Gesellschaft gilt die Aufmerksamkeit in etwa zu gleichen Teilen der jeweiligen Formel und der Umgebung. Verwenden Sie die Formeln:
"Ja, ich bin wunderbar ruhig, zufrieden und selbstsicher; Arme und Beine sind herrlich schwer und warm; Ja, ich bin wunderbar ruhig, zufrieden und selbstsicher; Mein Atem geht ganz ruhig und automatisch; Ja, ich bin wunderbar ruhig, zufrieden und selbstsicher; Meine Stirn ist angenehm kühl;
Ja, ich bin wunderbar ruhig, zufrieden und selbstsicher."
Vorstehende Formelsequenz kann beliebig oft durchlaufen werden.

12. Abschnitt: Autogenes Training - Oberstufe
Die ebenfalls von J. H. Schultz entwickelte Oberstufe des Autogenen Trainings wendet sich ausschließlich an den auf der Grundstufe Fortgeschrittenen. Sie stellt eine Synthese zwischen einer Entspannungstechnik meditativer, intra-kontemplativer Art und einem analytischen Verfahren dar. Problemträchtigen Tagesgeschehnissen kann über eine Oberstufensitzung die Aufmerksamkeit zehrende, bedrückende Energie genommen werden, wenn sie in den Fokus der Betrachtung im sechsten Sitzungsabschnitt gerückt werden; zudem zeigen sich im siebten Abschnitt Lösungen auf.
Die Oberstufensitzungen sollten zeitlich so gesetzt werden, dass eine Zeitspanne von etwa einer dreiviertel Stunde zur Verfügung steht. Es können dieselben Positionen wie auf der Grundstufe eingenommen werden; dagegen sollte die Oberstufensitzung - im Gegensatz zur Unterstufe - in ausgeruhtem Zustand erfolgen. Die Augen sind zu schließen.

1. Stufe
In Anlehnung an Versenkungs- und Hypnosetechniken gilt die Aufmerksamkeit zunächst der Nasenwurzel. Dabei wenden sich die Augen automatisch der Nasen-wurzel zu. Die sich dadurch steigernde Tiefen-

Entspannung schafft ideale Voraus-setzungen für den weiteren Verlauf der Sitzung.

2. Stufe

Denken Sie an Farben; beobachten Sie, wie sich auf Ihrem geistigen Bildschirm nach und nach aus unendlich kleinen - zunächst diffusen Punkten ein farbiges Bild (Landschaften, Bäume, Pflanzen, Szenen, Personen etc.) bzw. "die Farbe" komponiert. J. H. Schultz bezeichnete dieses Prozedere als das "Auffinden der Eigen-farbe" und verweist insoweit auf Erfahrungen mit physikalischen Farberlebnissen und deren affektive bzw. allgemeine Komponenten, wonach unwillkürlich eine ganz bestimmte Farbwahl getroffen werde. Insoweit bestehen gewisse Ähnlichkeiten zwischen dem Oberstufenbild, dem Traumbild und den im Wege der freien bzw. des oben ebenfalls beschriebenen themenzentrierten Assoziierens gewonnenen Gedankengebilden. Sie haben alle eine gemeinsame Quelle, nämlich die gesamte Tiefe des Unterbewusstseins.

Die aus dem reichen Schatz des Unbewussten heraus aufsteigenden Bilder oder Farben sind Kompositionen von Erinnerungen, die psychoanalytisch bzw. wegen des Symbolcharakters der Farben nach den Regeln der Farbpsychologie (Lüscher 1969) aufgearbeitet werden können. Schultz bezeichnete die Produkte der Farbschau, das Bild- bzw. Farb-Gut als Rohmaterial für die fakultativ nachfolgende Analyse-Arbeit. Diese erfolgt am besten aus der Liegeposition heraus bei geschlossenen Augen. Der Selbst-Analytiker gibt sich nun die Bilder noch einmal und macht sich im Anschluss daran, im Wege der "freien Assoziation" bzw. des "Thematisieren" weitere Informationen zu bekommen, um die Bedeutung des "Rohmaterials" zu erfassen.

3. Stufe

In diesem Sitzungsabschnitt werden alle Farben des Spektrums zur inneren Anschauung gebracht, also nacheinander grün, gelb, rot, blau, schwarz und schließlich weiß. Zu jeder einzelnen Farbe sind bei jedem Menschen Erlebnisse assoziiert, die in Form bestimmter vergangener Lebenssituation-Bilder oder der reinen Farbe schlechthin aus den multiplen Schichten des Unterbewussten heraus als bewusst-er-fahrbares, späterer Analyse zugängliches Bild der inneren Schau unterliegen.

4. Stufe

Von der Farbschau folgt der Übergang zur Betrachtung abstrakter Begriffe wie: Glück, Gerechtigkeit, Liebe, Freundschaft, Ungerechtigkeit, Zorn, Hass, Religion, Verbote, Verpöntes usw.

Auch in diesem Sitzungsabschnitt werden aus dem Erfahrungsschatz des Unbewussten heraus zu jedem Abstraktum eine Fülle von assoziierten Bildern aufsteigen, die später im Wege der Analyse in eine geordnete Beziehung zueinander und zum Ich gerückt werden können.

5. Stufe
Ähnlich dem "Auffinden der Eigenfarbe" geht es in der nächsten Aufgabe, dem "Auffinden des Eigengefühls" darum, ein Erlebnis zu finden und zu schauen, das paradigmatisch für das Leben des einzelnen ist. Dabei versucht jeder einzelne, sich den Satz: "Ein für mich bezeichnendes Erlebnis" vorzustellen. Im Folgenden hat er sich zu sensibilisieren für aufsteigende Bilder, die ihm sein Unbewusstes zur inneren Anschauung bringt.

6. Stufe
Dieser Sitzungsabschnitt zielt dahin, irgendwelche Personen vor dem geistigen Auge aufziehen zu lassen, die zu Sympathie und Antipathie, Liebe und Hass, Hochachtung und Geringschätzung usw. assoziiert werden. Nehmen Sie genau wahr, welche Ihnen bekannten Personen vor Ihrem geistigen Auge erscheinen; konfrontieren Sie sie und warten Sie die weitere Entwicklung ab - insbesondere, ob sich zu den Personenbildern Affekte gesellen. Selbst dann ist es ratsam, in der geistigen Konfrontation zu verharren. Der Sinn dafür liegt in der Möglichkeit einer sich einstellenden Auto-Psycho-Katharsis, einer Versachlichung der erinnerten Person, die zuvor noch soviel störende Affekte gebunden hatte.

7. Stufe
Zum Abschluss der Sitzung mag der einzelne in die Betrachtung wichtiger, sein Leben, insbesondere seine Ziele, seine Probleme etc. betreffende Fragen hinein-gehen. Dieses kann in der Weise erfolgen, dass Fragen wie zum Beispiel: "Warum verhalte ich mich in Situation X immer so widersprüchlich; worin liegen für mich die Vorteile dieses Verhaltens, worin die Nachteile, will ich mich ändern, was will ich aufgeben?" etc. halblaut in den Raum gestellt und betrachtet werden. Durch den Zustand tiefster Entspannung gelingt es, dass sich eine vorbehaltlose Eins-Werdung mit dem betreffenden Fragebild einstellt; das Fragebild dringt langsam in das Individuum ein, gleitet die multiplen Tiefenstufen des Unbewussten hinunter, lockert dort diejenigen Schichten, die sich in der Frage wiedererkennen, bindet sie und liefert dem Bewusstsein die "Freigelassenen" als Antworten aus.

13. Abschnitt: Meditation

Meditation meint Freisein von Gedanken bei Bewusstsein. Meditation stabilisiert das autonome Nervensystem und erhöht die Stressresistenz. Soziale Angsterlebnisse nehmen dadurch an Häufigkeit ab. Zwei der verschiedenen Meditationsformen möchte ich Ihnen im Folgenden vorstellen.

Spiegel-Meditation

Bei dieser von Bhagwan verbreiteten Meditationsform setzen Sie sich im Dunkeln vor einen Spiegel. Stellen Sie neben den Spiegel eine Kerze, so dass nur Ihr Gesicht gespiegelt wird. Sehen Sie sich etwa 20 Minuten nur in die Augen. Stören Sie sich nicht daran, dass Ihr Gesicht ständig andere Formen anzunehmen scheint. Wo das geschieht, ist Ihr Unterbewusstes im Fluss. Durch diese Übung werden Sie sich mehr und mehr in Ihrem Sosein erkennen. Erst diese Erkenntnis ermöglicht Ihnen Veränderung, d.h.:
So zu werden, wie Sie Ihrem Wesen nach schon sind.

Transzendentale Meditation

Die Transzendentale Meditation ist die wohl populärste Form der Meditation. Die angestrebte Transzendenz liegt in der Erfahrung tiefer Ruhe, in der keinerlei innere oder äußere Reize anai;,iert werden und der Meditierende nur seiner selbst bewusst ist.
Maharishi Mahesh Yogi, der die Transzendentale Meditation in den Westen transferiert hat, vergleicht den menschlichen Geist mit dem Ozean. In seiner Analogie entspricht die aufgewühlte Oberfläche des Ozeans der Aktivität der Sinne, also dem Denken und dem Wahrnehmen. Die stillen Tiefen des Ozeans dagegen finden ihre Entsprechung in den stillen Tiefen des Geistes. Die Transzendentale Meditation zielt dahin, zu diesen stillen und angenehmen Tiefen des Geistes zu tauchen, wo Gedanken zwar evolutiv vorhanden, jedoch noch nicht konkret wahrnehmbar sind, also noch nicht verbalisiert werden können. Je mehr der Abstand von der Oberfläche des Bewusstseins wächst und der Meditierende seinen stillen Tiefen entgegen taucht, umso mehr verringert sich seine geistige Aktivität - proportional zur erfahrenen Ruhe. Während an der Oberfläche ständig neue Aktivitäten entfaltet werden und der Geist wie ein Schiff von Woge zu Woge geschaukelt wird, ruhen in der Tiefe seine Quellen, Reserven, Zuversicht, unverrückbare Identität, Selbst-Bewusstheit. Jeder Tauchvorgang, jede Meditation bringt den Meditierenden mit zunehmend konservierender Wirkung diesen Werten näher. Die Erfahrung der Tiefen-Ruhe rückt die essentielle Prägung des Geistes ins Licht; die Meditation wirkt dabei wie

ein Spiegel, in dem der Geist seine Identität selbst erkennen und diese zunehmend besser - unbeeinflusst durch die verwirren-den Oberflächenreize - leben kann. Transzendentale Meditation ist ein Hilfsmittel, um Kortex (Großhirn; Ort, wo geistige und motorische Prozesse geschaltet werden) und limbisches System (Komplex von Nervensträngen, die für die Emotionen zuständig sind) zu harmonisieren, um den Gleichklang von Vernunft und Gefühl wieder herzustellen bzw. zu sichern. Via Transzendentale Meditation wird eine Ruhequalität erreicht, die zum Abbau von Stress und Angstdisposition führt. Stressabbau löst eine Herabsetzung der limbischen Aktivität und Alarmbereitschaft aus und ermöglicht so die Normalisierung des Nervensystems. Wissenschaftliche Untersuchungen belegen, dass Transzendentale Meditation Gehemmtheit reduziert, Selbstsicherheit, Streben nach Geselligkeit, Wahrnehmung der Umwelt, autonome Steuerung und die Intelligenz fördert sowie die emotionale Stabilität und damit die Stressresistenz erhöht.

Der abzubauende Stress kumuliert sich regelmäßig auf drei Entwicklungsstufen: Während die erste Stufe durch die bloße Alarmreaktion gekennzeichnet ist, konstituiert sich im zweiten Stadium der Widerstand; von hier erfolgt die Überleitung zur dritten Stufe, dem Erschöpfungsstadium.

Auf Stressoren reagiert das Nervensystem unter anderem in der Weise, dass Adrenalin und bestimmte Hormone ausgeschüttet werden, um die als Angriff gewertete Situation zu handhaben. Wiederkehrende Prozesse dieser Art verbrauchen zu-nehmend die körpereigenen Abwehrenergien, bis schließlich im dritten Stadium wie geschildert Erschöpfung eintritt.

Der gestresste Mensch ist unfähig, in der täglichen Routine Zufriedenheit und Glück zu erfahren. Dieser Umstand leitet einen Circulus Vitiosus (Teufelskreis) ein, wobei der betreffende Mensch im weiteren Verlauf nach immer aufregenderen Reizen verlangt - bei gleichzeitiger Ignoranz von Ruhe und stiller Genüsse. Kurzfristig erfahrene Lust hinterlässt dabei eine Spur wachsender Erschöpfung. Stress (Englisch stress = Not, Bedrängnis, Erschöpfung) entwickelt sich so zu einem zunehmend dominierenden Faktor, wobei immer wieder auf bestimmte äußere Reize hin ein Mehr an Abwehrenergie produziert wird, als zur Abwehr des Angriffs erforderlich ist (falls es sich überhaupt um einen Angriff handelt; zuweilen werden infolge des verworren-kopflosen Geisteszustandes sogar objektiv angenehme Situationen subjektiv als Angriff gewertet). Zu den körperlichen Symptomen dieser Reaktion zählen das Erröten, Schwitzen, Stottern, Herzklopfen o. ä. in objektiv harmlosen Situationen. Diese Überreaktion verbraucht verständlicherweise sehr rasch die Energiereserven.

Nur durch Erholung, die Erfahrung tiefer Ruhe können die geleerten Energiereservoirs wieder angefüllt werden. Je grösser diese Reservoirs sind, umso sparsamer können sie eingesetzt werden, umso angemessener kann das Individuum kurzfristig auf Stressreize reagieren, um dann spontan wieder zur normalen Ruheposition zu-rückzukehren. Diese Erholung wird gewonnen aus der Begegnung mit dem inneren Potential, dem Tiefen-Ich, der stillen aber stabilen Quelle. Transzendentale Meditation liefert die Ausrüstung für das Tauchen in diese Tiefen hinein, um die genannte Begegnung herzustellen.

Zur Tauchausrüstung zählt ein Mantra. Diese Bezeichnung stammt aus dem Sanskrit und bezeichnet ein Wort, das zwar keine Bedeutung hat, aber Wirkungen zeitigt, zum Beispiel "om", "eim", "eina" o. ä. Das Mantra wird einerseits für die Förderung des Tauchprozesses benötigt, andererseits als Sicherung gegen das Einschlafen.

Durch die ständige Wiederholung des Mantras taucht die Aufmerksamkeit von der aufgewühlten Oberfläche des Geistes zu seinen stillen Tiefen. Dabei werden gelegentlich Gedankenbilder wahrgenommen. Gedanken während der Meditation sind ein Indiz dafür, dass Stresseinheiten abgelöst worden sind. Sobald die Bildwahrnehmung bewußt wird, sollten die Bilder wieder verlassen und das Denken des Mantras wieder aufgenommen werden. Dieses nicht-analytische Prozedere ermöglicht weiteres Vordringen zu tieferen Bewusstseinsschichten.

Stellen Sie Ihr Telefon und die Türklingel ab, setzen Sie sich bequem auf einen Stuhl und schließen Sie Ihre Augen. Nehmen Sie kurz Ihre Umgebung mit ihren Geräuschen wahr und sagen Sie „o.K." dazu. Wiederholen Sie nun gedanklich den Wortklang „om" oder „eim", wobei Sie jeweils das „m" etwas dehnen, z.B. so:
„eimmmmm – eimmmmm – eimmmm …"

Die Meditation soll etwa 20 Minuten praktiziert werden. Gehen Sie dabei nach Ihrer inneren Uhr.

Sind nach Ihrem Zeitgefühl etwa 20 Minuten vergangen, so stellen Sie das Denken des Mantras ein. Wenden Sie Ihre Aufmerksamkeit nun wieder von Innen nach Außen und nehmen Sie für etwa 2 Minuten bei geschlossenen Augen das Geschehen um Sie herum wahr, hören Sie das Knacken der Möbelstücke, das Ticken der Uhr, Verkehrsgeräusche, den Wind, Regen etc.. Öffnen Sie erst Ihre Augen, wenn Sie „o.k." zur Gegenwart um Sie herum gesagt haben.

14. Abschnitt: Yoga

Auch das Praktizieren von Yoga bietet eine gute Möglichkeit, Alltagsstress abzubauen, das autonome Nervensystem zu stabilisieren und die Harmonie zwischen Körper und Geist wiederherzustellen.

Yoga (=Anspannung) lehrt, dass Geist und Körper nicht isoliert nebeneinander bestehen, sondern dass die jeweilige Verfassung des einen die des anderen bedingt. Diese Korrelation zeigt sich schon darin, dass psychische Störungen regelmäßig auch muskuläre Verspannungen hervorrufen. Daher hat der Yoga körperliche und geistige Techniken geschaffen, die die geistig-körperliche Harmonie erhalten bzw. wiederherstellen sollen.

Ausgangspunkt der Yoga-Philosophie ist der Schmerz. Pathogen wirkt sich nach dieser Lehre die Verschmelzung von Seele und Materie aus, wobei sich die Seele durch Unwissenheit mit der Materie identifiziert. Yoga will diesen Wesensunter-schied erkennen helfen mit dem Ziel der Befreiung der Seele aus den Festen von Materie und Denken. Der Heilsweg vollzieht sich dabei wie folgt:

- Einhaltung der fünf großen Verbote (töten, stehlen, lügen, sexuelle Ausschweifungen begehen, Besitz zu kumulieren);

- Einhaltung von Reinigungsregeln, Bescheidenheit, Askese, Gottesdienst; Körperübungen (fast ausschließlich diese Komponente des Yoga ist im Westen bekannt;

- Atemtechniken (einatmen, Atem anhalten, ausatmen, Pause: Wechselweise bald durch das eine, bald durch das andere Nasenloch ein- und ausatmen); Abziehen der Sinne von den Sinnesreizen;

- Kontemplation;

- Meditation;

- Versenkung mit dem Ziel der Eins-Werdung von Denken und Objekt.

Während ein Teil dieses Programms dazu dient, die Sinne des Individuums von weltlichen Dingen freizuhalten, ist der andere direkt heilungsorientiert.

Im Folgenden sollen zum Verständnis einige theoretische Daten darüber gegeben werden, wie durch Asanas (Yogastellungen) Einfluss auf das körperliche wie auch das seelische Wohl genommen werden kann: Das Nervensystem zerfällt grob gesehen in motorische und sensorische Einheiten. Die Sensoren senden Informationen über den Körper zum Gehirn, die Motoren solche vom Gehirn zurück zum Körper.

Der Sensor-Komplex wirkt durch die extrozeptiven und introzeptiven Rezeptoren. Während die Introzeptoren für die Weiterleitung von körperbezogenen Daten ans Gehirn zuständig sind, sammeln die Extrozeptoren für den Versand ans Gehirn von außen kommende Informationen.

Das motorische oder neuro-muskuläre System setzt sich aus tonischen und phasischen Komponenten zusammen. Die phasischen Reaktionen

regeln die Körperbewegungen; die tonischen Reaktionen dagegen setzen für die phasischen die Bedingungen. Der Geist bleibt vom introzeptiv-tonischen Mechanismus unbeeinflusst. Introzeptive Einflüsse lösen allgemein tonische, extrozeptive dagegen phasische Reaktionen aus.
Die volle Funktionsbereitschaft vorgenannter Systeme setzt eine vollständige Kör-per-Geist-Harmonie voraus. Faktoren wie Stress, Krankheiten und soziale Konflikte können die Dynamik dieses Systems beeinträchtigen und zu einem Zustand physischen und/oder psychischen Leidens führen. Die Yoga-Praxis bewirkt präventiv, vorgenannte Dystonien zu verhindern und repressiv, bereits eingetretene Störungen physischer bzw. psychischer Ausprägung zu beseitigen. Meditation trägt zu diesem Ziel auf der geistigen Ebene bei, die Asanas (Yogastellungen) dagegen
wirken über die körperliche Schiene.
Hinsichtlich des weit gestreuten Asana-Spektrums verweise ich auf die im Literaturverzeichnis angegebenen Quellen.

15. Abschnitt: Progressive Relaxation
Die von Jacobson entwickelte „Progressive Relaxation" weist einige Parallelen zum Autogenen Training und zum Yoga auf. Als Grundbedingungen für Entspannung nennt Jacobson im Wesentlichen die Komponenten: Erholung und Entlastung des Kreislaufs. Neuromuskuläre Verspannungen führt er auf Überreizungen zurück. Für die Entstehung der Überreizungen macht er Leidenserlebnisse körperlicher und seelischer Art verantwortlich. Anhaltende neuromuskuläre Verspannungen führen seiner Vermutung nach zu Neurasthenie (nervöse Übererregbarkeit), da Dauerspannungen Bedingungen für Überspannungen schaffen.
Das Prinzip von Jacobsons Relaxationstherapie beruht auf dem Grundsatz:
„Über Anspannung zur Entspannung".
Gemäß Jacobsons Theorie schafft Relaxation Voraussetzungen für eine verminderte Reaktion der Skelettmuskulatur auf einen Reiz hin. Im Mittelpunkt steht also einerseits die muskuläre Kontraktionssensation, andererseits das Erlebnis nachfolgender Erschlaffung der Muskulatur. Lernziel ist die Erkenntnis, dass Entspannung überhaupt keine Aktivität erfordert.
Die „Sitzung" wird am besten im Liegen unter geschlossenen Augen gehalten. Das Relaxations-Programm bietet viele Möglichkeiten der An- und Entspannung und führt dabei durch das gesamte Spektrum der Muskulatur. Dieses Prozedere kann sich jedoch ersparen, wer um die

Lokalität seiner muskulären Verspannungen weiß. In diesem Fall werden lediglich lokal die verspannten Muskelpartien via erneuter Anspannung zu nachfolgender Erschlaffung und Entspannung geführt. Eine weitere Vereinfachung bietet die Möglichkeit der Anspannung gewisser Muskelgruppen bzw. aller verfügbaren Muskeln aller Muskelgruppen, um so über das Kontraktionserlebnis und der Wahrnehmung der sich anschließenden Erschlaffung zum Zustand der Entspannung zu gelangen.

16. Abschnitt: Frieden schließen
Die meisten Menschen tragen ein schweres Bündel mit sich herum, das gefüllt ist mit unangenehmen Erinnerungen an Personen und Situationen aus längst zurückliegender Zeit. Wie viel schneller könnten wir laufen, wie viel mehr könnten wir ohne dieses Gewicht erreichen!
Ein Friedenspakt mit den betreffenden Personen könnte die gewünschte "Entlastung" bringen. Naturgemäß bereitet sie gerade dann große Schwierigkeiten, wenn intensive Emotionen an die Geschehnisse gebunden sind. In diesen Fällen vermag eine bloße Willensanstrengung dahin, den jeweiligen Personen zu verzeihen, in der Regel nicht die gewünschte Wirkung zu zeitigen. Verzeihen setzt eine entsprechende emotionale Disposition voraus. Die Bereitschaft zu verzeihen ist emotional z.B. dann nicht gegeben, wenn Hass oder Zornesgefühle mit der Erinnerung an eine Person aktualisiert werden.
Als entscheidende Weichenstellung für den Friedenspakt ist deshalb im Vorfeld ein emotionales Entlastungsverfahren durchzuführen. Begeben Sie sich dazu in einen Raum, in dem Sie lärmen können, ohne die Reaktion irgendwelcher anderer zu fürchten. Nehmen Sie dann einen Gegenstand - z. B. ein Kissen - und projizieren Sie auf dieses Ihre mit der betreffenden Person zusammenhängenden Gefühle. Stellen Sie sich vor, was der Betreffende Ihnen alles angetan hat, wie er Sie verletzt hat. Erzählen Sie es ihm - dem Gegenstand. Schreien Sie ihn an oder schlagen Sie gar auf den Gegenstand ein - wenn körperliche Aggression eher Ihrem Bedürfnis entspricht. Denken Sie daran: Der Gegenstand kann keinen Schmerz empfinden, aber Sie brauchen ihn für die Aggressionsabfuhr; Sie entlasten sich, verschaffen sich mit jedem emotional geführten Schlag gegen ihn mehr und mehr genau die Befreiung, die das Verzeihen-Können voraussetzt. Erst dann ist die emotionelle Disposition für den Friedensschluss gegeben.
Begeben Sie sich in eine entspannende Position. Schließen Sie Ihre Augen, und öffnen Sie oben genanntes „Bündel". Nehmen Sie daraus nach und nach die Erinnerung an die beteiligten Personen und Situationen. Schauen Sie sie noch einmal an und machen Sie sich bei dieser

inneren Schau bewusst, dass der Kontakt mit diesen Personen und Situationen ein notwendiges Durchgangsstadium auf dem Weg hin zum gegenwärtigen Entwicklungsstand war.

Sie mögen der Ansicht sein, Ihre Eltern hätten durch ihre falsche Erziehung die Ursache für Ihre Probleme gesetzt. Bedenken Sie jedoch, dass keine böse Absicht Ihrer Eltern im Spiel gewesen ist und dass Sie ohne deren Erziehungsfehler nicht soviel Kenntnisse über Menschen, Psychologie und sich selbst hätten. Lächeln Sie ihnen dann in Ihrem "inneren Film" zu und danken Sie ihnen, dass sie mitgeholfen haben, Ihre Geschicke zu beeinflussen. Ursprüngliches Missgeschick ist notwendiges Durchgangsstadium auf dem Wege zu einem glücklichen Umstand - genauso wie Sie ausatmen müssen, um wieder ein-atmen zu können, wie Sie beim Speerwurf den Arm möglichst weit nach hinten strecken müssen, um den Speer möglichst weit nach vorn werfen zu können. Genauso wie das Pendel einer Uhr zur einen Seite ausschlagen muss, um wieder zur anderen Seite zurückzukehren - die Uhr bliebe sonst stehen. Genauso verhält es sich auch in der Natur: Mal wird ein Junge geboren, mal ein Mädchen. Würden immer nur noch Mädchen geboren, wäre irgendwann keine Fortpflanzung mehr möglich. Der eine Pol leitet seine Existenz vom anderen ab, so dass es stets einer Entscheidung bald für das eine Extrem, bald für das andere Extrem bedarf.

Warum also nicht mit der alten Gewohnheit brechen, mit vergangenen, unabänderlichen Ereignissen zu kämpfen. Die alte Gewohnheit entspricht einem Verhalten, in dem sich jemand mit Macht gegen eine ein Meter dicke Wand stemmt, um sie wegzudrücken. In dem Masse, in dem der Betreffende drückt, drückt die Wand zurück. Verringert er jedoch den Druck, so wird er merken, dass sich die Wand auch nicht mehr so stark wehrt. Stellt er sich jedoch vor die Wand und lächelt sie an, wird er keinen Druck mehr bemerken. Erst jetzt, wo die Wand ihm Freund geworden ist, kann er die angenehmen Seiten der Wand - sie schützt ihn, trägt Tapeten und Bilder etc. - vollends genießen.

Beschweren Sie sich also nicht über den Druck der Wand! Hören Sie damit auf, sich gegen die Wand zu stemmen, so wird der Druck von ganz alleine verschwinden. Akzeptieren Sie die "Wand" und damit Existenz und Qualität all derjenigen Personen und Situationen, die Sie bisher kennen gelernt haben. Erst wenn Sie sie
so gesehen haben, wie sie sind und Freundschaft geschlossen haben, wird Ihre Aufmerksamkeit nicht mehr von ihnen kassiert werden; erst dann sind Sie "frei" für die Gegenwart und können Ihre Schaffenskraft ausschließlich in sie investieren.

6. Kapitel

Motivationshilfen
Im Folgenden sollen einige Motivationshilfen vorgestellt werden, wie Sie Ihren Erfolg mit der richtigen Geisteshaltung selbst beeinflussen können. Dabei greifen wir zurück auf kluge Vorfahren sowie kluge Köpfe unserer Zeit und deren Erkenntnisse in eigenen und Krisensituationen anderer. Die nachfolgenden Weisheiten haben es wirklich in sich, sind voller wunderbarer Wirkung und der Schlüssel zu mancher schon lange für uns verschlossenen Tür!
Unsere Aufgabe ist es jetzt lediglich, unsere Augen für den Schlüssel zu sensibilisieren, den Schlüssel als solchen zu begreifen, ihn nachfolgend zu ergreifen, das Schlüsselloch zu ertasten und den Schlüssel herum zu drehen ...
Sie werden bei der nachfolgenden Darstellung merken, dass sich einige Kernsätze widerspiegeln in den Aussagen vorangegangener Kapitel – und ich besonders von Arthur Lassen angetan bin, der es geschafft hat, die wesentlichen Erfolgsprinzipien sowohl geistig-seelischer als auch materieller Natur auf einen Punkt zu bringen. Wo ich am Ende eines Zitats keinen Urheber bezeichnet habe, handelt es sich um Arthur Lassen. Dieser leider nicht mehr unter uns weilende Motivationskünstler hat sich mit den wesentlichen Dingen des Lebens auseinandergesetzt und dazu selbst auf kluge Vordenker zurückgegriffen. Aber sehen Sie selbst! Lassen Sie die einzelnen Feststellungen wie Leckerbissen auf Ihrer Zunge zergehen. Lesen Sie sie mehrmals, bis sie von dem Zauber der Worte in eine andere, für Sie bis dahin verschlossenen Welt transferiert werden. Alle dargestellten Erkenntnisse gehören in jeden „Verbandskasten" und haben wahrhaftig Zauberkraft!
- Die größte Entscheidung Deines Lebens liegt darin, dass Du Dein Leben ändern kannst, indem Du Deine Geisteshaltung änderst! (Albert Schweitzer).
- Übernimm die Verantwortung für Dein Leben!

- Denke in klaren, starken Farben, und Deine Seele wird genauso. Du bist der Denker Deiner Gedanken, der perfekte Maler Deiner Zukunft.

- Schaue nicht auf die entfernte Bergspitze, sondern mache Dir bewusst, was Du alles schon geschafft hast!

- Man muss das Unmögliche versuchen, um das Mögliche zu erreichen (Hermann Hesse).

- Du kannst Deine Verhaltensweisen und Deine Gedanken lenken. Durch dein Bewusstsein kannst Du dafür sorgen, dass Du unangenehme Erlebnisse und Erfahrungen auch als solche erkennst und in angenehme Denkmuster umsetzt. Du kannst Geschehnisse nicht ändern, wohl aber versuchen, sie in einem anderen Licht zu sehen.

- Lehne es nicht ab, das Negative zur Kenntnis zu nehmen. Weigere Dich lediglich, Dich ihm zu unterwerfen (N.V. Peale).

- Glaube daran, dass Deine Fähigkeiten unerschöpflich sind. Trau Dir etwas zu, glaube, es sei erreichbar für Dich, und Du schaffst die Möglichkeit, Dein Ziel zu erreichen. Glück und Erfolg haben ihren Ursprung in positiven, Unglück und Misserfolg in negativen Gedanken.

- Suchst Du nach Vollkommenheit, blick in den Spiegel. Findest Du sie dort, darfst Du sie auch anderswo erwarten.

- Lächle, und die Welt lächelt zurück. Das Lächeln, das Du morgens aussendest, kehrt spätestens am Abend zu Dir zurück! Probiere es aus, beim Bäcker, im Bus, Restaurant, in der Firma …Dir ist die Freiheit gegeben, Dich an jedem Tag zwischen positivem und negativem Denken zu entscheiden.

- Übernimm die Verantwortung für Dein Leben.

- Du erntest, was Du gesät hast. Befreie Dich von der Einstellung, andere für Deine Lebensumstände verantwortlich zu machen.

- Eine helfende Hand findest Du am Ende Deines Armes.

- Du bist nur so frei, wie Du bereit bist, für Dein Denken und Handeln selbst die Verantwortung zu übernehmen. Hab` Vertrauen - und alles gelingt.

- Auch aus Steinen, die Dir in den Weg gelegt werden, kannst Du etwas Schönes bauen (Erich Kästner).

- Denk an Erfolg, Glück, etwas Großes. Setze die Kraft Deiner Gedanken ein, und Du schaffst Dir die schöne Welt, in der Du leben möchtest.

- Dein Denken bestimmt Dein Gefühl und Dein Handeln. Achte darauf, dass Du nur die Gedanken verstärkst, die Dir nützen.

- Tue recht und scheue niemand. Du bist nicht nur verantwortlich für das, was Du tust, sondern auch für das, was Du nicht tust.

- Du bist verantwortlich für Deinen Misserfolg wie für Deinen Erfolg, für Deine Feindschaften wie für Deine Freundschaften. Du ziehst genau das an, was Du benötigst für Deine Entwicklung. Nimm Dich mit all Deinen Schwächen so an, wie Du bist, dann hast Du die beste Voraussetzung für Deinen Erfolg geschaffen.

- Meinst Du, einer neuen Herausforderung bedürftig zu sein, überlege, ob Du Dich nicht zuerst für Deine jetzige Aufgabe begeistern kannst. In dem Falle hast Du eine neue Herausforderung gefunden.

- Der Grundsatz: „Liebe Deinen Nächsten wie Dich selbst" schließt nicht nur den einzelnen Menschen mit ein, sondern auch alle anderen Lebewesen, die Natur und natürlich auch unsere gute Erde. Wie Du diese Welt siehst, Deine Wahrnehmungen, Deine Anschauungsweise, entscheiden daher letztlich darüber, ob Du mit ihr in Hoffnung und Übereinstimmung oder Hass und Misstrauen leben willst.

- Willst Du wirklich glücklich sein, dann vergleiche Dich nicht mit anderen.

- Dein Unterbewusstsein braucht täglich neue, aufbauende und kraftvolle Gedanken. Gib sie ihm! Dadurch schaffst Du Dir eine neue Wirklichkeit. Deine Gedankenbilder der Vergangenheit haben Dein Heute geschaffen. Bist Du jedoch mit Deinem gegenwärtigen Zustand nicht zufrieden, dann ändere Deine Gedanken. Deine Wahrnehmung der Realität um Dich herum ändert sich dann ebenfalls. Die Welt ist so, wie Du sie siehst.

- Die Kunst des Glücklich-Seins beherrschen nur wenige Menschen. Die meisten halten ihre Fehler und Schwächen für eine unabwendbare Tatsache. Eine rechte Einstellung zum Leben verlangt doch nur, sich selbst mit allen großen und kleinen Unzulänglichkeiten zu mögen und natürlich auch die andern so anzunehmen, wie sie sind. Nur Deine falschen Gedanken stehen Dir dabei störrisch im Wege.

Wer sich darüber Sorgen macht, was seine Freunde von ihm denken, wäre
erstaunt, wenn er wüsste, wie selten sie es tun.

- Grübeln ist nur nützlich, wenn ein gedankliches Ergebnis erzielbar ist. Ansonsten ist es Gift für Dich! Glücklich ist der, der sich mit Dingen befasst, die er zu ändern imstande ist. Sorgen sind bedrückende Gefühle der Unruhe und der Angst, sinnlose Aktivitäten des Augenblicks. Wohin Du Deine Aufmerksamkeit richtest, dorthin fließt Deine ganze Lebenskraft.

- Halte Dir täglich 30 Minuten für Deine Sorgen frei, gewöhne Dir nur an, in dieser Zeit ein Nickerchen zu machen (Abraham Lincoln).

- Wasser, das schon vorbei geflossen ist, treibt die Mühle nicht an (Rätoromanisches Sprichwort).
- Es gibt nur eine Wirklichkeit – den gegenwärtigen Augenblick. „Carpe diem" sagen die Lateiner (pflücke den Tag). Nutze den Tag und genieße jeden Moment Deines wunderbaren Lebens.

- Verträume nicht Dein Leben, lebe Deine Träume (Grillparzer).

- …und wenn ich heute schon wüsste, dass morgen die Welt in tausend Stücke zerbräche, ich würde heute noch einen Baum pflanzen (Martin Luther). Es geht ja schließlich darum, das Hier und Jetzt genussvoll zu leben!

- Stoße die Tür auf, vor der Du Dich am meisten fürchtest. Kalkuliere dabei ruhig eine Blamage ein. Nimm Dir vor, Dich täglich mindestens einmal ganz heftig zu blamieren – und das Ende Deiner Angst ist Dir sicher!

- Der Sieger sieht Niederlagen und Probleme als Chance und Herausforderung. Mache es Dir zur Gewohnheit, das Scheitern zu mögen und in diesem eine Chance auf Wachstum zu sehen!

- Zorn ist der leidenschaftliche und heftige Unwille über etwas, das als ungerecht empfunden wird, weil es den eigenen Vorstellungen zuwiderläuft. Es gibt viele destruktive Gefühls- und Geistesgifte, die Dich krank und erfolglos machen können. Zorn ist eines dieser niedrigen Gefühle. Er zeigt Deine Grenzen auf, gewisse Dinge zu verstehen, und Deinen Mangel an Ausdauer und Geduld. Wer zornig ist, verbrennt an einem einzigen Tag das Holz, das er in vielen Jahren gesammelt hat.

- Du kannst Dich den ganzen Tag ärgern – verpflichtet bist Du allerdings nicht dazu.

- Schließt sich heute eine Tür, so sei sicher: Es öffnet sich morgen eine andere. Hab Vertrauen und Geduld – und alles gelingt!

- Loslassen macht Dich unabhängiger, freier, fröhlicher, kreativer. Gerade das, was Du am heftigsten festhältst, wird Dir wieder entrissen werden. Was Du am meisten fürchtest, trifft ein. Halte nichts fest! Übe Dich im Loslassen, und alles gehört Dir. Festhalten ist Abhängigkeit. Loslassen bedeutet Freiheit und Unabhängigkeit, ist der Beginn der Selbstbesinnung und das Wesentliche im Leben. Lerne loszulassen, das ist die große Lektion des Lebens (Julie Schlosser).

- Schuldgefühle sind das quälende Bewusstsein, ungerecht gehandelt zu haben. Dein früheres Verhalten kannst Du aber nun einmal nicht ändern! Du kannst nur Deine Lehren daraus ziehen und Dir vornehmen, dieselben Fehler nicht zu wiederholen. Schuldgefühle sind niedrige, widrige Gefühls- und Geistesgifte, die zu nichts nutze sind. Mache Dir das bewusst! Vergessen können ist das Geheimnis ewiger Jugend. Wir werden alt durch Erinnerung (Erich M. Remarque).

- Lächle, und die Welt lächelt zurück!

- Nicht die Dinge selbst beunruhigen die Menschen, sondern die Vorstellung von den Dingen.

- Nimm Dir genügend Zeit für alle Deine Ziele und vergiss darüber die Muße nicht. Wie kannst Du für andere das Beste tun, nimmst Du Dir nicht die Zeit dafür, es für Dich zu tun. Du brauchst Zeit, die Schönheiten der Natur zu genießen. Du brauchst Zeit für die Arbeit und Zeit zum Träumen, Zeit zum Lachen und Zeit für die Liebe.

- Es ist nicht wenig Zeit, die wir haben, sondern es ist viel Zeit, die wir nicht nutzen (Seneca).

- Negative Suggestionen sind sich selbst erfüllende Prophezeiungen, die Dir, Deiner Gesundheit, Deinem Selbstwertgefühl, Deinem Leben schaden. Hast Du Dich daran gewöhnt, gering von Dir zu denken, so werden es auch andere tun. Negative Gedanken werden durch die häufige Wiederholung zum Lebensprogramm. Diese falsche Programmierung schafft Dir ein negatives Zukunftsbild.

- Alles Große ist einmalig, während alltägliche Leistungen millionenfach angeboten und daher geringer vergütet werden. Wecke also die schlummernden Kräfte, kostbaren Fähigkeiten und besonderen Talente in Dir, um Neues, Besonderes, Einmaliges zu schaffen. Alles Große wächst aus der Stille. Deshalb achte in Ruhe und Gelassenheit darauf, dass das Negative in Deinem Leben geringer wird.

- Der Mensch ist gerade so glücklich, wie er es nach seinem eigenen Entschluss sein will (Abraham Lincoln).

- Wie sieht Deine Lebensbilanz aus? Ist Deine Bilanz erfreulich, dann sag: Danke! Ist sie negativ, hör trotzdem auf, Trübsal zu blasen. Stell Dir einfach vor, wie Du Deine Kümmernisse, Sorgen und Fehltritte der Vergangenheit zu einem hübschen Bündel verschnürst und es dann irgendwo in den Dünen oder am Wegesrand liegen lässt. Lass das Gestern einfach los, und es kommt nie mehr zu Dir zurück!

- Warte nicht auf Deinen Erfolg, sondern bemüh Dich durch logisches Planen aktiv darum! Dein Leben besteht aus Suggestionen, aus positiven und negativen, aus Fremd- und Eigensuggestionen. Du bist sehr wohl in der Lage, sie zu steuern. Dein wachbewusster Verstand lässt dann nur die Suggestionen zu, die in Dein Denkmuster passen. Also, halte Dich frei vom Streben nach Perfektionismus.
- Erlösung kommt von innen, nicht von außen, und wird erworben nur und nicht geschenkt. Sie ist die Kraft des Inneren, die von draußen rückstrahlend Deines Schicksals Ströme lenkt. Was fürchtest Du? Es kann Dir nur begegnen, was Dir gemäß und was Dir dienlich ist. Ich weiß den Tag, da Du Dein Leid wirst segnen, das Dich gelehrt, zu werden, was Du bist (Ephides).

- Wer schon auf dem Meeresgrund war, fürchtet sich nicht vor Pfützen.

- Wenn Du an Dir nicht Freude hast, die Welt wird Dir nicht Freude machen (Paul Heyse).

- Das Grundgesetz des Lebens ist die Freude. Lebensfreude erhält Deine Gesundheit, steigert Deine Leistung, ist ein Lebenselixier, das glücklich macht.. Die Freude ist unerlässlich für unser Wohlbefinden. Befrei Dich nun von den Fesseln des negativen Denkens. Die Welt ist so, wie Du sie siehst. Mach also an jedem Tag das Beste aus Deinem Leben! Hör auf damit, Deine geistige Lebenskraft durch andauerndes Murren und Knurren zu verschwenden. Lebe begeistert!

- Der Optimist denkt oft ebenso einseitig wie der Pessimist. Nur: Er lebt froher! (Charlie Rivel).

- Geduld lernen macht geduldig. Umdenken braucht Zeit und Übung. Du wirst nicht über Nacht zu einem Optimisten. Ausdauer im positiven Denken kann tief sitzende negative Verhaltensmuster ausschalten und Deine Ausstrahlung und Dein Leben grundlegend verändern. Hab Geduld, und Dir werden alle wundervollen Dinge im rechten Moment zufließen.

- Begeisterung ist das freudige Gefühl, das Dich und andere mitreißt. Erfülle Dich mit diesem wundervollen Lebensgefühl zu Deinem Wohl und zum Wohl der anderen. Setz bei allem, was Du tust, alles ein, was Du hast! Bist Du begeisterungsfähig, kannst Du alles schaffen! Denn wohin Du Deine Aufmerksamkeit richtest, dorthin fließt Deine ganze Lebensenergie. Das gibt Dir Kraft für Deine neuesten Ideen. Begeisterung ist die positive Lebensenergie, die ansteckend auf Dich selbst und Deine Umgebung wirkt. Dieser Enthusiasmus ist der fruchtbare Nährboden für Deine großen Lebenserfolge, die echte, aufrichtige Leidenschaft für das Leben. Begeisterung ist die höchstbezahlte Eigenschaft, ohne sie wirst Du niemals wirklich etwas Großes leisten. Sei immer von dem begeistert, was Du gerade hast oder tust - von Deinem Partner zum Beispiel. Zeig ihm jeden Tag aufs Neue, wie begeistert Du von ihm bist. Begeisterte schaffen alles. Begeisterung ist das Blitzen in Deinen Augen, der Griff Deiner Hand und die unbändige Kraft zur Ausführung Deiner Ideen und Vorhaben. Geh mit Freude, voller Hingabe und Liebe an die Sache, für die Du bereit bist zu kämpfen. Alles, was Du mit Schwung und Leidenschaft anpackst, wird stets von Erfolg gekrönt sein. Begeisterung für eine Sache ist der entscheidende Schlüssel für jede Tür. Finde Lebensziele, die Deiner individuellen Persönlichkeit entsprechen. Du brauchst Ziele, für die es sich lohnt, den ganzen Einsatz zu leisten und für die Du Dich wirklich begeistern kannst. Wer (realistische) Ziele hat, wird sie erreichen. Tu das Gewöhnliche mit ungewöhnlicher Begeisterung, und Du hast Erfolg! Wenn Du im Leben vorankommen willst, musst Du von Deiner Sache wahrhaftig besessen sei.

- Denk und handle voller Begeisterung und Du entwickelst für Deinen Erfolg die nötige positive Energie. Je größer dabei Deine Begeisterung für Deine realistischen Ziele ist, umso leichter und rascher wirst Du sie erreichen. Hab Mut zu großen Zielen. Durch Deine helle Begeisterung hast Du große Mengen an Energien gewonnen und besitzt damit auch die Kraft dazu.

- Mach Dir bewusst, dass Du einzigartig bist! Sei dankbar dafür, dass Du bist, wie Du bist! Niemals zuvor hat es einen Menschen wie Dich gegeben – und es wird nie wieder ein zweites Exemplar von Dir auftauchen! Du bist einfach einzigartig!

- Was Du weiter auf dem Weg zum Erfolg brauchst, ist die Einstellung, dass Du der Sieger bist! Denk nicht über Dinge nach, die fehlgeschlagen sind. Sie nehmen sonst ein zu großes Gewicht in Deinem Leben ein. Bilde Dir eine gute Meinung über Dich und Deine Mitmenschen, Freunde und Kollegen.

- Wenn Du wirklich etwas willst, werden alle Märchen wahr (Theodor Herzl).

- Male Dir ein fröhliches Bild von Deiner Zukunft.

- Glück ist nichts anderes als mit frohem Herzen in die richtige Richtung zu gehen. Produziere einfach positive Gedanken – und Du wirst glücklich sein..

- Das Glück lenkt alles zum Vorteil seiner Günstlinge (La Rochefoucauld).

- Zufriedenheit ist die innere Ausgeglichenheit, die sich mit den täglich wechselnden Gegebenheiten in Einklang befindet. Genieße das, was Du hast, und schau nicht auf das, was Du nicht hast. Es ist nicht wichtig, was Du besitzt, sondern dass Du mit dem, was Du hast, auch etwas anzufangen weißt. Innere Zufriedenheit ist das höchste Lebensgefühl, das Du erreichen kannst.

- Der Weg zur Gelassenheit, zu Mut und Weisheit:

Herr, gib mir die Gelassenheit, die Dinge hinzunehmen, die ich nicht ändern kann. Verleihe mir den Mut, die Dinge zu ändern, die ich ändern kann, und schenke mir die Weisheit, das eine von dem anderen zu unterscheiden (Oettinger).
- Gelassenheit ist die besondere Lebenskunst. Gerade in der heutigen Zeit kühl und ruhig – trotz ärgerlicher und mancher unangenehmer Geschehnisse – zu reagieren macht frei. Gelassenheit ist die Herrschaft des Geistes über den Körper. Wer gelassen sein will, muss auch loslassen können. Der gelassene Mensch lebt im Hier und Jetzt und kümmert sich nicht übermäßig um das Morgen. Nimm auch Du das Leben doch ein wenig leichter, lockerer. Wer vorankommen will, muss loslassen können, muss sich von dem Ort verabschieden, an dem er sich gerade aufhält.

- Liebe ist die wirksamste Heilkraft. Liebe ist die Fähigkeit und Bereitschaft, anderen Menschen die Freiheit zu lassen, zu sein, was sie sein wollen. Sie ist ein starkes, inniges Gefühl der Zuneigung und Verbundenheit. Lieben heißt geben ohne Erwartung. Du kannst anderen nur so viel Liebe schenken, wie Du für Dich selbst übrig hast. Alle Deine Visualisierungen, Wünsche, Pläne sollten immer von liebevollen Gedanken geleitet sein.
- Liebe ist das Einzige, was mehr wird, wenn wir es verschwenden (Ricarda Huch).

- Sei bereit zu geben, ohne darauf zu hoffen, dass in die Hand, die gibt, etwas zurückfließt.

- Liebe meint, das Ganze eines Menschen zu bejahen, die Einzelheiten mögen sein, wie sie wollen (Otto Flake).

- Man sieht nur mit dem Herzen gut. Das Wesentliche ist für die Augen unsichtbar (Antoine de Saint Exupery).

- Das Unterbewusstsein ist neutral und speichert alle geistig-seelischen Vorgänge unterhalb der Schwelle des Bewusstseins. Gib Deinem Unterbewusstsein von Deinem zukünftigen Vorhaben, von deren Rechtmäßigkeit Du überzeugt bist, klare, positive Bilder. Alles, was Du Deinem Unterbewusstsein mit Zuversicht und Bestimmtheit eingibst, wird von ihm registriert und in die Wirklichkeit umgesetzt.

- Fantasie ist die Fähigkeit, in Bildern zu denken. Leben ist ein täglicher Kampf gegen die Schwerkraft. Erst, wenn Du es schaffst, die Bequemlichkeit, den inneren Schweinehund und Trägheit zu überwinden, wird der gute Vorsatz zur Tat, die tolle, außergewöhnliche Idee zur Wirklichkeit. Deine fantasievollen Gedanken entfalten ihre stärksten Verwirklichungskräfte, wenn sie von tiefen Gefühlen getragen sind und z.B. mit Begeisterung umgesetzt werden.

- Aussagen zur eigenen Person, geschlüpft in die Gestalt von Selbstgesprächen, üben einen enormen Einfluss auf Dich und Dein Unterbewusstsein aus. Hüte Dich daher vor negativen, krank machenden Gedanken. Sie erfüllen sich ebenso wie positive, kreative und konstruktive Gedanken! Deinem Unterbewusst-Sein ist es völlig gleichgültig, ob die Programme, die Du ihm eingibst, gut oder schlecht sind. Dein Unterbewusst-Sein folgt stets dem stärksten Programm!
Suggestionen sind gezielt geistig-seelische Beeinflussungen. Durch das Hervorrufen von Gedanken, Verhaltensweisen, Gefühlen wird ein

Bewusstseinszustand erreicht,, der Dein Handeln bestimmt. Dieses bewusst angestrebte Wecken bestimmter Vorstellungen, Ansichten, Gefühle geschieht durch tägliches Vorsagen, Weitersagen, Einprägen. Das Unterbewusstsein braucht gute Gedanken!
- Die wichtigste Stunde in unserem Leben ist stets der gegenwärtige Augenblick. Der bedeutsamste Mensch in unserem Leben ist stets der, der gerade vor uns steht. Das notwendigste Werk in unserem Leben ist stets: die Liebe (Leo Tolstoi).

- Fehlende Konzentration ist oft ein Hinweis auf häufiges unfruchtbares Grübeln, mehr oder minder bewusst. Wer häufig über Vergangenes nachdenkt, schwächt sich selbst und steigert seine Unfähigkeit, mit dem Leben fertig zu werden.

- Wer es schafft, seine ganze Gedankenkraft nur auf denjenigen Punkt zu konzentrieren, mit dem er sich gerade befasst, und während dieser Zeit nichts anderes tut, nichts anderes in sein Bewusstsein hineinlässt, wir seine Aufgabe zur Vollendung bringen. Viele Menschen vermögen dies nicht. Kaum, dass sie eine Arbeit, eine Idee beginnen, schon kommen tausend neue Gedanken unkontrolliert hinzu, sodass der Mensch irritiert ist, in welche Richtung er schreiten soll. Viele Ziele scheinen verführerisch. Das Problem ist nur: Der Mensch vermag sich nicht aufzuteilen. Er kann im selben Moment immer nur in eine Richtung gehen.

- Du kannst Deinem Glück nur begegnen, wenn Du am Morgen den Tag mit frohen, lebensbejahenden Gedanken beginnst.

- Lächle über die Unebenheiten in der Vergangenheit und Gegenwart. Alles hat seinen wunderbaren Sinn. Glaube fest daran .!

- Durch das Visualisieren, die bildhafte Vorstellung, wird im Unterbewusstsein ein Vorstellungsbild von einem in der Zukunft liegenden Handlungsablauf entwickelt. Sieh, etwas zu sein oder zu haben, als vollendete Tatsache. Dadurch entsteht die geistige Vorstellung eines bereits erreichten Zieles. Diese geistige Vorstellung ist letztlich Dein großes Finalbild, eine vorweggenommene Wirklichkeit. Fantasie ist alles. Fantasie ist die Fähigkeit, Gedächtnisinhalte zu neuen Vorstellungen zu verknüpfen. Gib Deinem Unterbewusstsein klare, farbige, positive Bilder von Deiner Zukunft. Sieh Dich darauf stets erfolgreich und im Besitz dessen, was Du Dir wünschst. Das Finalbild wird verwirklicht, sobald es im Unterbewusstsein deutlich gespeichert ist.

Dein Unterbewusstsein kann nicht zwischen Wahrheit und Traum, zwischen tatsächlicher und vorgestellter Wirklichkeit unterscheiden. Lächle, das ist die „So-Tun-Als-Ob-Haltung", und lass los. Das Wunder ist zu Dir unterwegs. Folg Deinem normalen Tagesablauf. Wiederhole den Vorgang täglich und wende dieses Verfahren auch dann noch an, wenn Du bereits merkst, dass Dein Unterbewusstsein mit diesem neuen Bild aufgeladen ist. Ein guter Tag beginnt damit, dass Du Dir bereits am Abend vorher einen lebensbejahenden Tagesvorsatz einredest.

- Für Deine Lebensfreude und persönliche Entwicklung ist es wichtig, mit welchen Personen Du täglich Umgang pflegst. Umgib Dich mit positiv denkenden Menschen. Ein bekannter Redner hat einmal gesagt: „Als meine Freunde immer wieder sagten, dass aus mir nie ein großer Redner werden würde, beschloss ich etwas zu tun: Ich ging hin und suchte mir neue Freunde".

- Die Segelstellung bestimmt den Kurs, nicht der Wind. Deine innere Einstellung und wie Du Deinen Geist ausrichtest, präparierst, macht Dich zum Sieger.

- Gib jedem Tag die Chance, der beste in Deinem Leben zu werden. Nimm die Dinge so, wie sie kommen. Sorge aber auch dafür, dass sie so kommen, wie Du sie haben möchtest. Übe Dich in Geduld und Gelassenheit, und was Du säst, wird irgendwann geerntet werden können. Je williger Du Deinem Inneren vertraust, desto besser gelingen Dir die Dinge des Lebens. Du kannst negative Gedanken nicht daran hindern, dass sie kommen, wohl aber daran, dass sie bei Dir verweilen. Also lass sie los. Wandere der Sonne entgegen, und Du lässt den Schatten hinter Dir.

- Du bist der Autor Deiner eigenen Lebensgeschichte. Denke stets daran und mache etwas ganz Besonderes daraus. Nutze die kostbaren Schätze Deines Geistes dazu, Dein Leben und das Leben anderer zu verbessern.

- Bleib wie Du bist – und ändere Dich täglich. Der Weg ist das Ziel. Erkenne die Tatsache, dass nur Du über Dein Leben bestimmst. Verhalte Dich nicht dauernd so, wie es andere von Dir verlangen. Du wirst sonst gelebt.

- Eine Angewohnheit kann man nicht aus dem Fenster werfen. Man muss sie die Treppe hinunter boxen, Stufe für Stufe (Mark Twain).

- Plane und rechne nicht so viel. Nutze Deine Zeit für Deine Entwicklung. Deine Gedanken sind Kräfte und können jedes Wunder vollbringen. Glaub ja nicht, dass Wunder etwas Geheimnisvolles sind. Sie sind bereits in Dir! Gib ihnen die Möglichkeit, für Dich zu wirken. Vertrau auf Deine Fähigkeiten. Denk nicht, dass nur die anderen genügend Wissen und Begabungen haben, um Großes zu erreichen.
- Halte Dir öfter vor Augen, was Du kannst. Du besitzt dann auch das nötige Selbstbewusstsein und bist stets guter Dinge. Das hilft bei der Meisterung noch so schwieriger Situationen. Wer sich einer schwierigen Aufgabe stellt, braucht keine Angst zu haben, dass er viel Konkurrenz bekommt. Deine Gedanken können in großem Umfang Deine Gefühle beeinflussen und natürlich verstärken.

- In dem Augenblick, in dem Du von etwas überzeugt bist, von diesem Augenblick an wird Dein Traum Wirklichkeit werden (P. Collier).

- Wir verlangen, dass das Leben einen Sinn haben müsse. Aber es hat nur genau so viel Sinn, wie wir ihm geben (Hermann Hesse).

- Wer einmal sich selbst gefunden hat, der kann nichts auf dieser Welt mehr verlieren (Stefan Zweig).

Literaturverzeichnis

Alfred Adler Über den nervösen Charakter, München 1928
Alfred Adler Praxis und Theorie der Individual-Psychologie, Leipzig 1930
F. W. Baade/ Theorien und Methoden der Verhaltenstherapie
A.M. Becker Die Behandlungstechnik in der Psychoanalyse, in: W.J. Schraml (Hrsg.): Klinische Psychologie, Bern etc. 1970
R. Battegay Gruppenaspekte der Angst, in: P. Kielholz: Angst, psychische und somatische Aspekte, Bern, Stuttgart 1967
A.M. Becker Psychoanalyse, in: H. Strotzka et. al., Psychotherapie, München etc. 1975
D. Bezzola Die elementare Autoanalyse, Zentralblatt der gesamten Neurologischen Psychiatrie Bd. 43
Bhagwan Meditation, München 1983
E. Berne Sprechstunden für die Seele, Reinbek 1973
W. Bitter Die Angstneurose, München 1976
Bloomfield, Cain, TM, Lebenskraft aus neuen Quellen,
Jaffe, Cory Düsseldorf und Wien 1976
L. Böllinger Psychoanalyse und die Behandlung von Delinquenten, Heidelberg 1979
T. Brother Das unbekannte Ich, Reinbek 1971
L. Chertok Hypnose, München 1973
W. Correll Lernen und Verhalten, Frankfurt 1971
E. Couö Die Selbstbemeisterung durch bewusste Autosuggestion, Basel/Stuttgart 1972
P. 0. Davidson Angst, Depression und Schmerz, München 1980
E. Decsi Erfahrungen mit Autosuggestionstherapie, Zentralbl. d. gesamten Neurol. Psych. Bd.40
G. Derbolowsky Frühkindliche Fehlinformation als Ursache für psychische
Fehlentwicklung und Funktionsstörungen, 1972
T. Dethlefsen Schicksal als Chance, München 1983
A. Dührsscn Analytische Psychotherapie in Theorie, Praxis und Ergebnissen, Göttingen 1972
G. Eberlein Gesund durch Autogenes Training, Düsseldorf 1973
S. Elhardt Angst und psychosomatisches Geschehen, 1959
A. Ellis Reason and emotion in psychotherapy, New York 1962
S. Epstein Versuch einer Theorie der Angst, in: Birnbaumer (Hrsg.): Neurophysiologie der Angst München etc. 1973
H. J. Eysenck Neurose ist heilbar, Frankfurt 1980
F. Fanai Neurosen aus psychoanalytischer und verhaltenstheoretischer Sicht, Frankfurt 1979

E. Pickworth Farrow Bericht einer Selbstanalyse, Stuttgart 1984
V. Faust Angst-Furcht-Panik, Stuttgart 1986
D. Flader u.a. Psychoanalyse als Gespräch, Frankfurt 1982
K. Foppa Lernen, Gedächtnis, Verhalten, Köln 1965
V. E. Frankl Handbuch der Neurosenlehre und Psychotherapie, Bd. 1-IV,
München, Berlin 1959
V. E. Frankl Theorie und Therapie der Neurosen, München, Basel 1975
Anna Freud Das Ich und die Abwehrmechanismen (1936), München 1973
Sigmund Freud Das Ich und das Es in: STA Bd III, Frankfurt 1975
S. Freud Erinnern, Wiederholen, Durcharbeiten, Frankfurt 1968, Ges. Werke Bd. 10
S. Freud Hemmung, Symptom und Angst (1926), Frankfurt 1968, Ges. Werke Bd. 14, S.114 ff.
S. Freud Träume und Traumdeutungen, Frankfurt 1983
S. Freud Zur Frage der Laienanalyse, Gesammelte Werke, Bd.14, Frankfurt 1966
S. Freud Ein Kind wird geschlagen, Wien 1922
V. Gheorghiu Hypnose und Gedächtnis, München 1973
E. Goffman Stigma. Über Techniken der Bewältigung beschädigter Identität, Frankfurt 1970
Kurt Goldstein The Organism, New York 1939
R.R. Greenson Technik und Praxis der Psychoanalyse, Stuttgart 1973
E.A. Gutheil Aktive Psychoanalyse, in: V.E. Frankl, V.E. v. Gebsattel, Handbuch der Neurosenlehre und
J.H. Schultz (Hrsg.) Psychotherapie, München etc. 1959, S. 159 - 170
R.M. Hare Die Sprache der Moral, Frankfurt 1972
H. Hartmann Psychoanalyse und moralische Werte, Stuttgart 1973
M. Hartung Angst und Schuld in Tiefenpsychologie und Theologie, Stuttgart 1979
H. Hellwig Zur psychoanalytischen Behandlung von schwergestörten Neurosekranken, Göttingen 1979
H. Helmchen/ Psychiatrie für die Praxis, München 1975 H. Hippius
G. Hennenhofcr/ Angst überwinden, Reinbek 1983 K.D. Heil Selbst-Analyse, München 1974
K. Horney Neurose und menschliches Wachstum, München 1975
K. Horney Neue Wege in der Psychoanalyse, Münch Unsere inneren Konflikte, Frankfurt 1984
L. Ron Hubbard Selbst-Analyse, Kopenhagen 1984
E. Jacobson Progressive Relaxation, Univ. of Chicago Press, Chicago 1965

E. Jacobson Lassen Sie sich Zeit! Das Geheimnis der Entspannung, Stuttgart 1970
C.G. Jung Die Beziehung zwischen dem Ich und dem Unbewußten, Bd 7, Zürich 1964
P. Kielholz Angst, Psychische und Somatische Aspekte, Bern 1967
K.P. Kisker/ Psychiatrie, Psychosomatik, Psychotherapie Stuttgart 1987
H. Kohut Die Heilung des Selbst, Frankfurt 1979
E. Künzel Tiefenpsychologische Analyse des Gruppenprozesses, in:T. Moser 1977
D.-T. Laub-Metzenthin Die Neo-Psychoanalyse von H. Schultz-Hencke Dissertation Zürich 1982
P. Lauster Selbstbewusstsein kann man lernen, München 1980
H. Leuner Kathathymes Bilderleben, Stuttgart 1969
H. Lindemann Überleben im Stress – Autogenes Training, München 1973
M. Lüscher Lüscher-Test, Basel 1969
H.L. Meyer Trainingsprogramm zur Lehrzielanalyse, Frankfurt 1969
A. Mitscherlich Krankheit als Konflikt, Frankfurt 1969
J. Moreno Gruppenpsychotherapie und Psychodrama, Stuttgart 1959
T. Moser Das erste Jahr, Frankfurt 1986
T. Moser/Künzel Gespräche mit Eingeschlossenen, Frankfurt 1977
R. Oerter Psychologie des Denkens, Donauwörth 1972
I.W. Pawlow Sämtliche Werke, Berlin 1953
T.R. Payk Therapie psychischer Erkrankungen, Stuttgart 1982
Fritz Perls/Hefferline
Goodman Gestalt-Therapy, New York 1951
M. Perrez, Minsel
Wimmer Eltern-Verhaltenstraining, Salzburg 1974
H. Prokop Autogenes Training, Wörgel 1979
H. Prokop Kombination des AT mit anderen psychotherapeutischen Verfahren, Schleswig Holstein, Ärzteblatt 12, 1972
Psychrembel Klinisches Wörterbuch, Berlin 1986
D. Rapaport Die Struktur der psychoanalytischen Theorie, Stuttgart 1970
R. Rösel Psychologische Grundlagen der Yoga-Praxis, Dissertation Tübingen 1927
C.R. Rogers Consulting and Pschotherapy, Boston 1942
C.R. Rogers Client centrated therapy , Boston 1951
K. Rosa Das ist die Oberstufe des Autogenen Trainings, München 1975
G. Rudolf Die Psychoanalyse Schutz-Henckes, Stuttgart 1988
I. Scheffler Die Sprache der Erziehung, Düsseldorf 1972

K. Schmitz Was ist, was kann, was nützt Hypnose, München 1951
D. Schulte Verhaltenstherapie bei Angstsyndromen, Zeitschrift für klinische Psychologie 1, 1972, S. 64 – 78
W. Schulte, R. Tölle Psychiatrie, Heidelberg 1972
H. Schultz-Hencke Lehrbuch der analytischen Psychiatrie, Stuttgart 1973
Schultz-Hencke Der gehemmte Mensch, Stuttgart 1947
J.H. Schultz Das Autogene Training Stuttgart 1960
J.H. Schutz Hypnose-Technik, Stuttgart 1965
Schultz-Hencke Lehrbuch der Traum-Analyse, Stuttgart 1949
W.C. Schutz Freude, Abschied von der Angst durch Psychotraining, Reinbeck 1971
D. Schwartz/Sedlmayr Befreiung von der Neurose, Düsseldorf 1971
T. Seifert/Waiblinger Therapie und Selbsterfahrung, Stuttgart 1986
P.S. Sharma Yoga-Therapie, Stuttgart 1972
E.F. Sharpe Traum-Analyse, Stuttgart 1984
B.F. Skinner Wissenschaft und menschliches Verhalten, München 1973
E. Stadter Psychoanalyse und Gewissen, Stuttgart 1970
B. Stovkis Lehrbuch der Hypnose 1965
B.Stovkis/Wiesenhütter Der Mensch in der Entspannung, Stuttgart 1961
F. Strian Angst, Grundlagen und Klinik, Berlin 1983
H. Strotzka Psychotherapie, München 1975
H. Strotzka Neurose, Charakter, soziale Umwelt, München 1973
H. Strotzka Versuch über den Humor, Psyche 11, S. 597 ff.
R. Tausch Gesprächspsyhotherapie, Göttingen 1970
K. Thomas Praxis der Selbst-Hypnose des Autogenen Trainings, Stuttgart 1972
G.R. Ticho Selbst-Analyse als Ziel der psychoanalytischen Behandlung, Psyche 25 (1971), 31-43
M.Titze Lebensziel und Lebensstil, Grundzüge der Teleoanalyse, München 1979
W. Toman/Egg Psychotherapie, Stuttgart 1985
R. Waelder Die Grundlagen der Psychoanalyse, Stuttgart 1963
P. Watzlawick Die Möglichkeit des Andersseins, Bern 1977
P. Watzlawick/Beavin Menschliche Kommunikation, Bern 1971
H. Westermeyer Verhaltensthrapie, Frankfurt 1977
E. Wiesenhütter Traumseminar für Ärzte und Studenten, Stuttgart 1966
J. Wolpe Psychotherapy, Stanford 1958
J. Wolpe The practice of behaviour therapy, New York 1969
D. Zimmer Kommunikationstherapie und Verhaltensmodifikation.